開運！

さぁ導かれよう！

神さま手帖

yuji

WANIBOOKS

はじめに

初詣や七五三で、日本人なら神社にお参りに行く機会があることと思います。日本には約8万もの神社があるといわれており、全国的に有名な神社もあれば、地元で長く大切にされてきた神社もあり、お祀りされている神さまも様々です。

本書では、日本全国にある神社をご紹介していますが、いわゆる一般的な「神社ガイド」とは一線を画しています。

八百万《やおよろず》といわれる神さま界の中でも、自分のことをいちばん応援して下さっている「自分の魂の担当神さま」を知り、そのご神徳をより感じるために、「あなたの場合は、〇〇神社に参拝するといいですよ」というところまでを手引きしているのが、本書の特徴です。タイトルの『神さま手帖』は、いわば「マイ神さまとのご縁つなぎの書」となっているところに由来しています。


そういう本を世に出そうと思ったのには、理由があります。

僕は日頃、ヒーラーとして活動をしているのですが、様々な悩みを抱えるクライアントさんとの個人セッションにおいて、

「自分といちばん相性のいい神社はどこですか？」
「お参りした方がいい神社、パワースポットは？」
「自分が呼ばれている所はありますか？」

など、ご自身と相性がいい神社やパワースポットにまつわるご質問を非常に多く受けています。そこで、ひとりひとりの〝上の方〟にお聞きして、「この方はどこに行けばよいか」というそのお答えを導き出し、日々お伝えしていたということが、そもそもの発端でした。

〝上の方〟とは、人間界よりも上位にある階層のスピリットといわれる存在や、ご神仏のことを指しています。僕は上の方のパシリとして、「自分が進むべき道がわからなくなった」迷える多くの人々に必要なメッセージを、必要なかたちでお伝えしています。

僕自身も、〝上〟からのサインやメッセージをよりクリアに感じるために、全国の神社参拝はもちろん、四国八十八箇所霊場のお遍路や熊野古道詣、果てはスペイン巡礼の旅にも出かけていきました。そんな修行ともいえる旅を続けるうちに、アクセス可能な〝上〟の存在も、次第に増えていったのです。

やがて個人セッションも数千を超えたあたりから、「この魂のミッションの人は、この系統の神社に呼ばれているな」「この神社にご参拝するといいだろうな」というふうに、どんな人にも「自分の魂の氏神様」ともいえる、属性のようなものがあることを感じるようになりました。

実際に、「結婚」にテーマがある人には、その方に合った縁結び神社を、「事業開拓」にテーマがある人には、商売繁盛の神さまがおられる神社へのご参拝をおすすめしたところ、ぴったりのお相手が現れたり、売上が上がったりと、これまでよりも早く、結果が出るようになったのです。

「このことを、どうにかして個人セッション以外の方法で、もっと多くの人にお伝えすることはできないか」と思っていたところに、この神さまガイドの企画をいただきました。そして、「魂のひな形から導き出す、自分にご縁がある神社巡りの本」という、これまでにはない、新しいジャンルの本を執筆する機会に恵まれました。

残念ながら取材NGの神社もありましたが、みなさまにご協力いただいたおかげで、この『神さま手帖』を出版することができました。

あなたが本書を手に取ったことも、実際に神社に訪れ、変化や進化されることも、すべて神さまの思《おぼ》し召《め》しです。

本書を人生の手引きとされるすべての方が、それぞれの「マイ神社」の後押しを得て、ますますご発展されることを、心より願ってやみません。

神さま手帖　目次

神社の参拝方法について

1 関東エリア

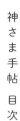

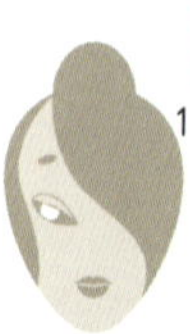

4 関西エリア

6 九州エリア

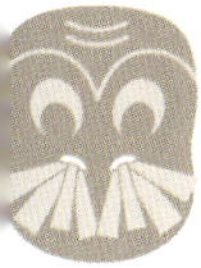

special column パワースポット

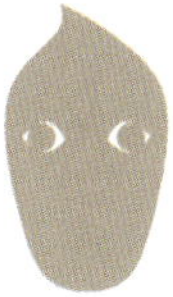

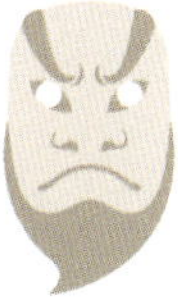

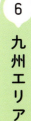

神社は、参拝に来る人を選びません。つまり「参ってはいけない神社」というのは存在しませんが、反対に、その人にとって、「お参りした方が、神さまの後押しをいただける神社」というのはあるのです。

人は、この世に生を受けた瞬間、神さまから課題を与えられています（「この人生において、あなたの魂の課題は○○ですよ」といった感じ）。○○に入るものは、リーダー的存在、人と人とのご縁結び、医療、お金など、人それぞれ。ひと言で「お金」といっても、金融関係の場合もあれば、ビジネスで発展させる場合もあり、課題は細かく分かれています。

面白いもので、この課題のほとんどは、神社に祀られている「ご祭神《さいしん》」からの恵みとリンクしています。例えば、「食」という課題を与えられた方であれば、五穀豊穣を司《つかさど》る「お稲荷《いなり》さん」系の神社、「アスリート」などスポーツ関連の課題を与えられた方であれば、勝負の神さまである「八幡《はちまん》さん系」……など。

「有名」といわれる神社をただやみくもに参拝するよりも、ご自身の魂とリンクした神社を参拝した方が、より強いパワーを得ることができる、というわけです。

早速、次ページの「あなたの魂タイプ診断」で、あなたの魂のひな形をチェックしてみましょう！

行くべき神社が見つかる！
あなたの魂タイプを診断

質問にこたえて、自分とご縁のある神社を見つけるタイプ診断をしてみましょう。**一番チェックが多い番号が、あなたのタイプです。**複数のタイプにあてはまった場合は、どちらのタイプの神社にも参拝することをおすすめします。

1　□コ

□ よく「目立つ」といわれる
□ 学級委員や生徒会の役員をしていたことがある
□ 顔や頭を怪我したり手術したことがある
□ いじめられたことがある
□ ビジュアルを褒められたり、スカウトされたことがある
□ 幼少期に習い事を4つ以上していた

2　□コ

□ 親（または自分）が事業をしている
□ 家族がお金のトラブルや詐欺、賃金未払いなどに巻き込まれたことがある
□ ブランドもの・ジュエリー・高級車など、ラグジュアリーなものに目がない
□ 土地を所有している（実家・自分問わず）
□ クレジットカードを4枚以上持っている
□ 起業したいと思っている、もしくは起業した

3　□コ

□ 他国の言語を一つ以上話せる（英語など）
□ 人からからかわれたり、ネタにされやすい
□ 大勢の前で説明したり、紹介したりする仕事をしている（司会、プレゼンター、YouTuber、ブロガーなど）
□ 日本より外国の方が居心地がいい、ラクだと感じる
□ 出張など、仕事で移動することが多い
□ 新しい情報や学びをインプットすることが好き

4

□コ

- □ 家族がバラバラに暮らしている、もしくは今までに引越しが多かった
- □ 家が火事や泥棒の被害、災害にあったことがある
- □ シングルマザー（またはファーザー）で育った
- □ アトリエ・事務所・サロンを持つ夢がある、もしくは持っている
- □ 特定のコミュニティの主宰、企画をしている
- □ 庭園やガーデニングに惹かれる

5

□コ

- □ アドリブが得意
- □ ひらめきや勘をベースに行動している
- □ 恋愛依存症である（恋するために生きている）
- □ アニメ・ドラマ・ゲームにはまりがちだ
- □ 音感がよい（絶対音感がある）
- □ 色・味・音などにこだわりがある

6

□コ

- □ 仕事人間だ
- □ 今までに大病を患ったことや、持病がある（あった）
- □ オーガニックな食事が好き、もしくはベジタリアンである
- □ 福祉、健康、保育にまつわる仕事をしている
- □ 「癒やし系」といわれたことがある
- □ 死にかけた経験がある

この「魂タイプの診断」は、1万回を越える僕の個人セッションから作成しました。趣味嗜好やライフイベント、性格のクセ、育った環境などから導き出しているため、複数のタイプにあてはまる場合もあります。その場合、あてはまるタイプの神社はできるだけお参りすることをおすすめします。

7 / □コ

- □ 人を紹介したり、つなげたりするのが得意
- □ 争いごとの調停をすること、人の間に入ること、相談に乗ることが多い
- □ 仕事やプライベートで、著名人とのお付き合いがある
- □ 離婚や婚約破棄の経験がある
- □ 付き人や秘書などの仕事をしている、もしくはしていた
- □ 配偶者やパートナーのことを、変わった人だといわれる

8 / □コ

- □ 家業など、何かを相続する予定がある
- □ ストーカー・追っかけ・変質者に遭遇するなど“ひやっ”としたことがある
- □ 二世帯住宅だ、もしくはその予定がある
- □ スピリチュアルもの、心理ものに惹かれる
- □ 自分の妊娠・出産において何らかの困難があった（難産など）
- □ マニアックなものが好き（メジャーなもの、人気のあるものには惹かれない）

9 / □コ

- □ 法律・会計の専門家が身内にいる、もしくは自身がそうだ（法学部出身も可）
- □ 帰国子女である、または海外留学・ホームステイの経験がある
- □ よく道を聞かれる
- □ 作文や詩、SNSで文章を褒められたことがある
- □ 空港や駅が大好き
- □ 教授・教師・セミナー講師など、教える仕事をしている

10

□コ

- ▢ 両親(もしくは自分)の仕事がいっぷう変わっている
- ▢ スピーチや乾杯を頼まれることが多い
- ▢ 組織の長や、何かのリーダーになることが多い
- ▢ 自分の名前が世に出たことがある
(表彰、スポーツの記録など)
- ▢ 政治家・社長になりたいと思ったことがある
- ▢ 年齢のわりには老成しているといわれる

11

□コ

- ▢ 社会貢献やNPO、NGO、ボランティア活動に
興味がある、または貢献している
- ▢ 同窓会や同期会には行くことがあまりない
- ▢ SNSでトラブルにあったり、炎上したことがある
- ▢ 仕事を休んでいた時期がある
- ▢ 幹事役を引き受けることが多い
- ▢ 公共倫理に厳しい
(公共のマナー違反を見つけると、イライラする)

12

□コ

- ▢ 寺社仏閣が好き
- ▢ 霊現象に遭遇しやすい、
人とは違うものが見える・聞こえる
- ▢ お遍路・巡礼・滝行・断食に惹かれる(したことがある)
- ▢ ひとり行動が大好き、
ひとり旅行・ひとり映画・ひとりご飯が苦にならない
- ▢ 協調性がないといわれる
- ▢ 神職につきたい、またはついている

ちなみに僕の魂タイプは、3番、10番、12番と、3つ当てはまります。

よりもっとご利益を！
あなたが行くべき神社は？

1 華やぎの神さま

輝きのオーラをまとい、いるだけで華をもたらす人。何もしなくても憧れの対象になったり、目立つゆえにやっかみの対象になることも。権力者に好かれ、リーダーシップがあります。芸事に秀でていることも多いので、芸能人や表に出る職業の人に多いタイプ。アイコンになる覚悟を経て、〝在り方〟で人の心に灯をともしていく存在です。

このタイプの神さまは

天照大御神《あまてらすおおみかみ》、瓊瓊杵命《ににぎのみこと》、木花咲耶姫《このはなさくやひめ》など

2 財・豊かさの神さま

人間界に存在するエネルギー（お金、財）は、回せば回すほど豊かになっていくと、一生を通じて学ぶ人。所有という概念について学ぶことが多く、ついケチになってしまったり、我欲を先行させてしまうことも。物欲と我欲を抑え、周りに還元することで、世間に豊かさと富をもたらす起業家や資産家としての役割を果たしていきます。

このタイプの神さまは

豊受大御神《とようけのおおみかみ》、宇迦之御《うかのみ》魂神《たまかみ》、えびす様など

3 友愛・発信の神さま

プロデュース・発信することによって人を元気にしたり、笑いをもたらし、勇気づける人。口が悪く、発言が炎上しがちな特質を持ち、人との距離感で悩んだり、兄弟姉妹の関係で苦難のときを過ごす可能性もあります。人間関係における〝許し〟と〝美しい言葉遣い〟を人生の中で学ぶことで、〝言葉の使い手になっていくでしょう。

このタイプの神さまは

須勢理毘売命《すせりびめのみこと》、経津主《ふつぬしの》神《かみ》、金比羅権現《こんぴらごんげん》など

4 家庭・土地の神さま

土地・コミュニティ・会社の大黒柱になる役目を負う人。力の使い方がわからないうちは、キツい物言いをしたり、剛腕を振るってしまいがち。その結果、コミュニティの中で孤立したり、家族からの愛情が欠如した時期を過ごすことも。人生を通じて家族の愛を学び、地域や組織に還元して、家族や仲間を守る役割に目覚めていきます。

このタイプの神さまは

須佐之男命《すさのおのみこと》、武甕槌大《たけみかづちのおお》神《かみ》、大山祇神《おおやまづみのかみ》など

5 芸術・感性の神さま

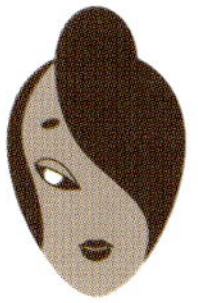

素晴らしい発想力と想像力を持ち、0から生み出すことを得意とする人。音楽が流れ出すと勝手に体が動き出したり、感性の豊かさゆえにすぐに感情移入することも。エンターテインメントやファッションをこよなく愛し、映像表現、書物、物作り、身体表現を通して、感動・美・彩りを社会に届けるクリエイターの使命に覚醒していきます。

このタイプの神さまは

天宇受売命《あめのうずめのみこと》、弁財天《べんざいてん》、玉依姫《たまよりびめ》など

6 健康・医療と産業の神さま

心身のメンテナンスの役割を持つ人。幼少期・青年期に何らかの疾患に悩んだ過去を持ち、探究・自己鍛錬を重ねて克服することで、世に還元して癒やしをもたらす仕事に。また高度な探究心・献身性を持つことから、医療や介護、福祉の業務に就いたり、新しい産業や工業を起こすことも。人体、医療、ケアについてのスペシャリストになり、癒やしの光を放ちます。

このタイプの神さまは

少彦名命《すくなひこなのみこと》、大国主神《おおくにぬしのかみ》、熊野《くまの》権現《ごんげん》、火之迦倶槌神《ひのかぐつちのかみ》など

このページでは各タイプの代表的な神さまを紹介しています。
P14〜19でチェックが多くついた番号とリンクしています。

7 ご縁結び・夫婦和合の神さま

男女や人同士の縁を司る人。母子家庭や変わった家庭環境で育つことが多く、〝家庭〟〝夫婦〟〝結婚・離婚〟ということを意識させられることに。または親しい人・家族の面倒ごとを一手に引き受けることになり、負担の多い人生になりがち。その逆境を跳ね除けることで自らが人のご縁を結ぶ、ご縁つなぎマスターになっていきます。

このタイプの神さまは

大国主神《おおくにぬしのかみ》、伊邪那岐命《いざなぎのみこと》、伊邪那美命《いざなみのみこと》、櫛名田比売《くしなだひめ》など

8 子宝と霊界の神さま

霊感を持ち、家督や家業を継ぐ人。目に見えないものに対する感度が高く、臨死体験など、不思議な体験をすることも。流行や商業主義に流されない心眼を持ち、マイナーなもの、代替医療に惹かれることが多い。マイノリティに注目したり、企業再生や心を病んでいる人たちのケアに生きがいを見出し、魂の救済人になっていきます。

このタイプの神さまは

木花開耶姫命《このはなさくやひめみこと》、豊玉姫《とよたまひめ》、伊邪那美命《いざなみのみこと》、熊野三神《くまのさんしん》など

9 導きと旅・知恵の神さま

弁論に優れ、政治や宗教、学問の分野でリーダーになる人。飽くなき探究心を持ち、ときに常識や世間体というものを疑い、羽目を外した行動をしがち。意味のないルールに対しての反発心もあるが、人生を通してルール違反を犯さずに自分の考えを表明していく術を学びます。独自の考え方を周囲に説く、先導者としての役目を果たしていきます。

このタイプの神さまは

猿田彦尊《さるたひこのみこと》、菅原道真《すがわらのみちざね》、天火明命《あめのほあかりのみこと》など

※神名に関しては、各神社の表記に合わせています。

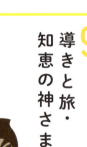

10 社会・国造りの神さま

新しい仕事・仕組み・組織を作る人。目立つので、大きな役に抜擢されたり、表彰されるなど、注目を浴びることが多い。"力"を意識させられる経験を幼少期から多く持ち、力を持つことの大事さ、そしてその使い方の善悪を学んでいく。大胆な生き方や発言、カリスマティックなパワーで新しい道を作り、"道開き"の役目を果たしていく。

このタイプの神さまは

大物主神《おおものぬしのかみ》、八幡大菩薩《はちまんだいぼさつ》、日本武尊《やまとたけるのみこと》など

11 諸福・人間関係の神さま

社会・世間・世界の環境整備をする人。人間関係での障害となるできごとを小さいときから経験し、社会生活における様々な歪み・偏見に気づいていきます。社会活動や人からの頼まれごとが仕事につながることもあり、NPO、NGO、社団法人などで働くことも。人の才覚を見抜く「鷹の目」を持ち、人と人を結ぶ社交の達人としての使命に気づいていきます。

このタイプの神さまは

瓊瓊杵命《ににぎのみこと》、菊理姫《くくりひめ》、事代主神《ことしろぬしのかみ》など

12 厄払い・再生の神さま

神仏関係の仕事や研究者として、いじめやDVなどの社会問題に目を向け、社会的弱者に救いをもたらす人。道徳的に疑問を抱くようなシチュエーションに遭遇することが多くあります。真理の探究や仏事・神事の修行、もしくは新たな治療方法を習得することで、世の中の荒海で溺れる人たちを救済する使命に目覚めていきます。

このタイプの神さまは

月読命《つくよみのみこと》、瀬織津姫《せおりつひめ》、大国主神《おおくにぬしのかみ》、少彦名命《すくなひこなのみこと》など

一つのご神徳（神さまからの恵み、ご効能）に特化した神さまと、様々なご神徳をもつ神さまがあり、複数のタイプに当てはまることも。

自分の行くべき神社が一目でわかる！
お参りした神社をチェックしていきましょう。

2 財・豊かさの神さま

1 華やぎの神さま

神さまタイプ別INDEX ☑

4 家庭・土地の神さま

3 友愛・発信の神さま

5 芸術・感性の神さま

7 ご縁結び・夫婦和合の神さま

6 健康・医療と産業の神さま

8 子宝と霊界の神さま

10 社会・国造の神さま

9 導きと旅、知恵の神さま

11 諸福・人間関係の神さま

12 厄払い・再生の神さま

※どの属性にも属さない神社は、すべてのタイプの方におすすめのものです。

神さま用語解説

本書に出てくる、神さまや神社にまつわる用語をご紹介します。（本文では※印をつけています）

1 一《いち》の鳥居《とりい》

神域の入り口。ここから向こうは、神さまの領域とされる。

2 一《いち》の宮《みや》

ある地域でいちばん社格の高い神社のこと。または、その地を治める神社のこと。

3 稲荷《いなり》

倉稲魂神《うかのみたまのかみ》を祀《まつ》る神社のこと。主に豊かさや実りのご神徳※12があるとされ、約32000社ある。

4 磐座《いわくら》

神が宿るとされている、巨大な岩や石のこと。その多くは、人知を超えた力で運ばれたとしか思えないような所に鎮座している。

5 奥宮《おくみや》（元宮《もとみや》・奥社）

元々神さまが降臨された地や荒御魂《あらみたま》などが祀られているお社のこと。山頂・山奥や海の岸壁に聖域や聖地、降臨の地がある場合、本殿・遥拝殿を参拝しやすい所につくることがあるため、それに対して奥宮と呼ばれるようになったと思われる。

6 勧請《かんじょう》

神さまの分霊（霊をわけて、他の神や人がもつようになったもの）を迎え入れること、神職《しんしょく》に神入れしてもらうこと。

7 鬼門《きもん》

観測点から見て北東の方角のこと。万事において忌むべき方向とされる。

8 眷属神《けんぞくしん》

神さまと呼ばれる高次の存在と人間の取次を行う、高級霊たちのこと。狐、猪、猿、龍、鳳凰《ほうおう》などの形をしていることもあり、その形を模したものが狛犬や龍として表現されている。

9 合祀神《ごうししん》

一つのお社に一緒に祀られている神さまのこと。摂社[※18]、末社[※18]に祀られている神さまを指すこともある。

10 ご祭神《さいしん》

神社に祀られている神さまのこと。例えば、大国《おおくに》主命《ぬしのみこと》は出雲大社の主祭神[※14]であるが、ほかの全国各地のお社に祀られていることもある。その場合は境内の摂社[※18]、末社[※18]に合祀されていることが多い。

11 ご神気《しんき》

体感温度が変わる、ビリビリするなどのフィーリングを感じさせる波動のこと。その感じ方は人や神社によって異なるため、一律の表現はない。

12 ご神徳《しんとく》

神さまからの恵み、ご効能。

13 ご神木《しんぼく》、ご神水《しんすい》、ご神体《しんたい》

ご神木：境内で最も波動の高い木。最も高齢の木や、拝殿に近いものであることが多い。

ご神水：神域である境内から湧き出《い》ずる水、もしくはご神体である山からもたらされる霊験あらたかな水。

ご神体：神が宿るとされる山、木、岩、巨石などの依り代のこと。

14 主祭神《しゅさいしん》

主に祀られている神さまのこと。

15 新宮《しんぐう》

主祭神のおわす本宮に対して、神さまをわけてお祀りする新しいお社のことを指す。

16 神体山《しんたいさん》

神さまがおわすとされている山。もしくは降臨された地、禁足地があるとされている山のこと。

17 造《ぞう》化《か》の三神《さんじん》

天之御中主神《あめのみなかぬしのかみ》、高皇産霊神《たかみむすびのかみ》、神皇産霊命《かみむすびのみこと》の3柱※21のこと。神々の中で最初に生まれた存在とされる。

18 総本社、摂社《せっしゃ》、末社《まっしゃ》

総本社：神社派閥の元締め、最も大型、パワーの強い所、もしくは起源となったお社を指す（総本宮、総本山も）。

摂社・末社：ある神社の境内で、主祭神※14をお祀りするメインとなるお社（本殿）ではないが、その主祭神とご縁がある神さまが祀られているお社のこと。比較的小さなお社であることが多い。

19 天神社《てんじんじゃ》（天満宮）

菅原道真公をご祭神※10とする神社のこと。学問の神さまをお祀りしており、全国に約1200０社あるとされる。

20 白山神社《はくさんじんじゃ》

白山権現《はくさんごんげん》をご祭神※10とする神社のこと。全国に3000社余りあり、結びとつながりのご神徳※12を持つ。

21 柱《はしら》

神さまの数え方。神さまは人ではないため、ひとりではなく、1柱と数える。諸説あるが、元々は神さまの依り代※24である石や木を指すところから由来。

22 八幡宮《はちまんぐう》

八幡大菩薩《はちまんだいぼさつ》を祀る神社のこと。主に平安、勝負運、治安維持のご神徳※12があるとされ、日本でいちばん多く、約44000社ある。

23 氷川神社《ひかわじんじゃ》

武蔵一宮氷川神社を総本宮※18とし、素戔嗚尊《すさのおのみこと》を主祭神※14とする。全国（主に関東地区）に約200社あるとされる。

24 依り代《よりしろ》

岩、木、鏡、刀など、神の魂が宿っているとされるもの。宿《やど》り代《しろ》とも言う。

25 龍穴《りゅうけつ》

眷属である龍が住むとされる穴。山中にあったり、アクセスのよくない所にあることが多い。穴自体の多くは禁足地。

26 龍脈《りゅうみゃく》

エネルギーの通り道。大地の気が流れる所。人間でいうと気・血・水の気に当たる。

27 レイライン

太古の遺跡・聖地が並ぶように設置されていること。特定の日や、節目にその直線上を太陽の光が貫くことから〝御来光の道〟と言われることも。

神社参拝 その心得

「パワースポットなのだから、行けばいいことがある」という姿勢では、「神さまパワー」を得ることはできません。神社参拝に必要な7つの心得をまとめました。

その1 **参拝時の服装に気をつけること**

本宮や総本社[※18]など、位の高い神さまがおられる神社への参拝は特に、短パン、サンダルのような軽装は避けましょう。また、基本的にペット連れはNG。

その2 **16時以降の参拝は避けること**

神社のパワーが最も強いのは朝。参拝は、遅くともお昼くらいまでに。「魔の気」が漂い出す16時以降はおすすめできません。

その3 **お祭りの時期は積極的に参拝してみること**

お祭りは本来、五穀豊穣などのお礼を神さまに伝える行事。人々の祈りの念が高まっているときでもあるので、その時期は積極的にお参りしましょう。

その4
なるべく「ついで参り」は避けること

神社参拝を目的とした旅行の場合、複数の神社を参るのは「アリ」。でも、なるべく数を絞り、ついで参りを避けた方が、よりご利益にあやかれます。

その5
天候などから、神さまからのサインを感じてみること

参拝時に雨が降ったり、お社に近づくと雷が鳴り出したり、突風が吹くなどの天候の急変は、神社から「歓迎」されている証拠です。

その6
依り代[※24]（パワーの強い所）を探してみること

境内で最もパワーを感じる場所は、神社によって様々。本殿でお参りをして終了ではなく、ご神木[※13]やご神水[※13]のエネルギーにも触れてみましょう。

その7
お礼参りを忘れないこと

参拝後、願いが叶うなどのご利益があったら、神さまへのお礼として「お礼参り」を。「お願いだけしてあとは放置」では、マナーとしてNGです。

神さま手帖の使い方

本書では全88社の神社をご紹介します。
ぜひ全国のご縁のある神社を参拝してみて下さい。

Check it!
yuji目線で神社を解説します。どんなパワーがあるのか、どんな人におすすめかなど。

※マーク
本文中に出てくる神さま用語の解説は、P32にあります。

地域／都道府県

神社名

関東／神奈川
鶴《つるが》岡《おか》八《はち》幡《まん》宮《ぐう》
800年の歴史が物語る荘厳な社
鎌倉幕府滅亡後も、「武門の神」として信仰された鶴岡八幡宮※22。鎌倉幕府の宗社として、まさに「鎌倉エリアのボス」と呼ぶにふさわしい、クラシカルな雰囲気が漂っている神社です。
「国家鎮護の神」として、長年にわたり武家の精神のよりどころとなり、全国から崇敬されてきた表れかも。鎌倉を中心とし、鶴岡八幡宮への信仰を背景として受け継がれた質実剛健の気風は、その後「武士道」に代表される日本人の精神性の基調となったとも言われているほど。「自分のステージをもっと高めるために、精進したい」「ラクな方に流されないよう、後押しをいただきたい」という方には、特におすすめ。深い杜の緑と、鮮やかな御社殿の朱色が調和する境内で、まさに背筋がしゃんと伸びるような、武士道のご神徳※12を感じてはいかがでしょうか。
おすすめタイプ
10 6 4 8
86
Check it!
仕事・人生に再生をもたらす
ご祭神※10は、武運・勝負の神と言われる応神天皇《おうじんてんのう》、応神天皇の妃神の比売神《ひめがみ》、応神天皇の母神の神功皇后《じんぐうこうごう》。家運隆昌のご利益があるといわれ、境内には仕事運や出世運などの勝運のほか、健康運、縁結びなどのお守りがある。源氏池近くの旗上弁財天社の中にある「政子石」は、家庭円満のご利益があるといわれている。また、源頼朝が北条政子の安産を祈願して造られた参道である「段葛」もある。
神社'sGUIDE
鎌倉市にある鶴岡八幡宮は、鎌倉初代将軍、源頼朝にゆかりが深く、鎌倉武士の守護神です。1063年、源氏の祖である源頼義によって建立されました。「前九年の役」と呼ばれる争いの際、頼義は石清水八幡宮（P141）に勝利祈願をし、由比ガ浜周辺に石清水八幡宮をお祀りしました。その後、鎌倉に幕府を開いた源頼朝によって、現在の場所に神社が移されます。これに伴い、鶴岡八幡宮は源氏の氏神として信奉されるようになり、「鎌倉武士の守護神」と呼ばれるようになりました。
Pick up!
鎌倉駅近くのわらび餅
僕はいつも、参拝の帰りに鎌倉駅近く「段葛こ寿々」でお気に入りのわらび餅を食べています。1996年創業のお蕎麦やさんで、今ではお蕎麦よりもわらび餅の方が有名になり、週末には行列ができるほど。お持ち帰りもありますが、おすすめは断然店内！　今までのわらび餅のイメージを覆すほどプルプル！　参拝の際には、ぜひ立ち寄ってみて下さい。
data
神奈川県鎌倉市雪ノ下2-1-31　TEL／0467-22-0315
参／6:30～20:30

Pick up!
神社参拝の際に立ち寄りたい、おすすめスポットをご紹介。

神社'sGUIDE
神社の歴史やご祭神などの情報をご紹介。

おすすめタイプ
この神社と、特にご縁のあるタイプをご紹介。P16～で自分のタイプを診断し、ぜひあてはまる神社に足を運んでみて下さい。

data
所在地や電話番号など、神社のデータ。参拝時間などは2017年12月現在のもので、変更になる場合もあります。

神さまに
好かれるマナーを！

神社の参拝方法について

参拝の際のルールを著者のyujiさんに教えてもらいます。正しい参拝のルールを身につけて伺えば、より神さまからのご利益を受けられるはずです。

白山比咩神社
yujiさんと
お参り

神社は神さまのお家
パワーをもらいたいなら、正しいマナーで参拝を

正しい参拝方法

ご利益にあやかるには、きちんと「参拝ルール」を守ることが大前提！　神社は「神さまのお家」。人間界でも、上司の家を訪ねる場合は失礼のないようにしますね。それと同じと考えて。著者のyujiさんから、参拝ルールを教えてもらいます。

鳥居の前でお辞儀

鳥居から向こうがご神域。神さまのお家にお邪魔させていただくつもりで、深くお辞儀をしましょう。

境内には、神社の歴史などが紹介されている立て札が各所にあるので、要チェック。

より神さまのことがわかる

参道の真ん中は神さまの通り道

参道の真ん中は〝正中《せいちゅう》〟と呼ばれる、神さまの通り道です。真ん中を通ることは避けて、右側もしくは左側を通るのが筋。神社によっては、真ん中に板（中伏板）が敷かれている所もあるので、そこを踏まないようにすることがマナーです。

神社内にあるものからパワーをいただく

参道の途中には川が流れていたり、苔むした庭があったり、磐座[※4]が鎮座していたりします。それらに近づいたり、手をかざしたりして、パワーを授かりましょう。

神さまの依り代[※24]

神さまの依り代になっている木には、しめ縄が巻かれていることも。ほかにも柵で囲われているような切り株やモニュメント、石を積んだ場所があれば、そこにも手を合わせるなり、お参りを。

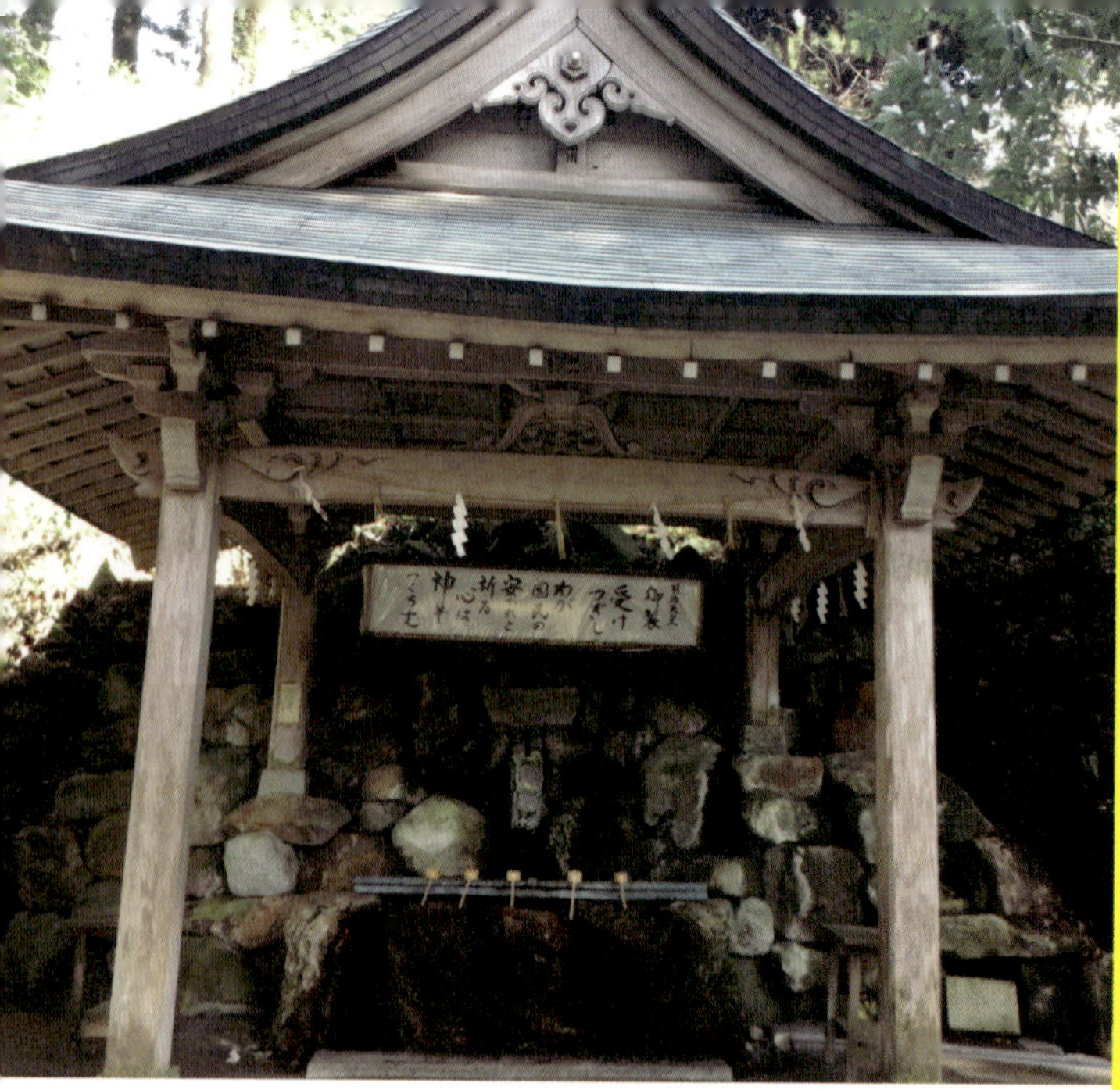

お手《ちょう》水《ず》の作法

神さまにご挨拶する前の穢れを落とす浄化の儀式

神社は「穢れ」を嫌います。鳥居の先は、神さまの「聖域ゾーン」。宮司《ぐうじ》さんが毎朝「祝詞《のりと》」をあげるのは、境内の清浄な「気」を保つためでもあります。どの神社も、参拝に訪れたらまず「手水舎」へ。自らの「手」「口」を清めましょう。

1 柄杓《ひしゃく》に水を汲む

神さまにご挨拶に行く前に、まずお清めを。お手水にある柄杓で水を汲みます。

2 左手を洗う

柄杓一杯の水ですべてのプロセスを行います。まずは左手を洗います。

3 右手を洗う

次に柄杓を左手に持ち替えて、右手を洗います。

4 左手に水を溜める

また柄杓を右手に持ち替えて、左手に水を受けて手のひらに溜めます。

5 口をすすぐ

左手に溜まった水で口をすすぎます（水は飲まないこと）。

6 柄杓を立てて水を流す

柄杓を立てて残りの水を流し、持ち手をきれいにします。

7 静かに置く

柄杓を元の位置に返して、"お清めの儀式"は終わりです。

鳥居がある度にお辞儀を

端を歩く

エネルギーを回して
よりご利益にあずかる

お賽銭の作法

お賽銭は、神さまのご神徳[※12]に対する「エネルギー返し」。金銭をお供えしましょう。

1 お賽銭を入れる

お賽銭は投げず、静かに賽銭箱に入れます（まとまった金額を入れたい人は、社務所に申し出ましょう）。お札なら、封筒に入れても。

2 深々と一礼する

まず一礼。深々と90度のお辞儀をします。

3 2拍手する

2回柏手《かしわで》をうちます（神社によって拍手の数は異なります）。

4 しっかりと拝む

氏名、住所、そしてお願いごとやお礼を伝えます。静かに祈りましょう(小声に出しても構いませんが、周りの迷惑にならないように)。

5 一礼する

再び感謝の意を唱えながら、深く一礼して終わります。

結果を見たら結んで帰る

おみくじも引いてみる

神さまのパワーが宿る
神聖な木

ご神木※13について

境内で、いちばんパワーがある所＝本殿とは限りません。神話の世界では、「神さまが降りた依り代※24（宿《やど》り代《しろ》）」をご神体※13として崇《あが》める風習がありました。神社によって、山や岩など、ご神体は様々。境内に祀られている「ご神木」もその一つです。

パワーのある木に近づいてみよう

ひときわ目立つ大きい木や、しめ縄が巻いてあったり、垂《しで》がはってあるものがご神木。近くに行ければ、木の根を踏まないよう注意して、触れたり手をかざして、パワーを感じてみましょう。

細かな所も要チェック！

拝殿には龍や虎などの眷属神※8や聖獣が刻まれていることも。

初めての参拝は、表参道から

裏参道もありますが、初めの参拝は正面の表参道からがおすすめ。

お焚き上げやお札納め所に返納

お札やお守りは、定期的にお返しするようにしましょう。

撮影にご協力いただいた石川県・白山比咩神社はP92へ

本書のイラストについて

本書のイラストは、鹿沼のすごい木工プロジェクトご協力のもと、「日本の神々シリーズ」のものを掲載させていただきました。

鹿沼のすごい木工プロジェクト「日本の神々シリーズ」

神話、信仰、伝承などにより、日本各地に伝わる様々な神さま。それぞれの神には、物語や民衆の思いが込められています。杉で作られたピンバッチ、お面、メンダントで、神さまを側に感じてみませんか?

Webサイト「杉屋」: https://sugi-ya.jp/kanuma/

1

関東
エリア

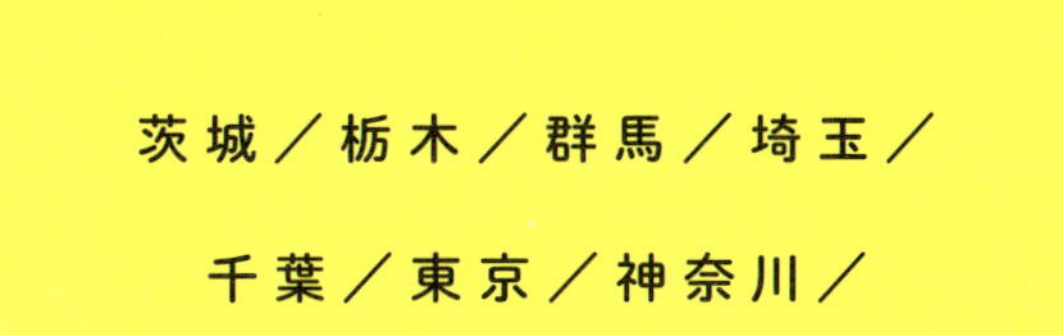

茨城／栃木／群馬／埼玉／

千葉／東京／神奈川／

関東／茨城

御《お》岩《いわ》神《じん》社《じゃ》

神さまの数がものすごい！

おすすめタイプ
10 8 1 12

僕が訪れた中でも、最も波長を感じやすい神社です。というのも、茨城県日立市・古称「御岩山」の中腹に隣接する御岩神社は、この山自体がご神体[※13]になっていて、国之常立神《くにのとこたちのかみ》や大国主《おおくにぬし》、伊邪那岐命《いざなぎのみこと》、伊邪那美《いざなみの》命《みこと》はじめ、なんと188柱[※21]もの神さまが祀《まつ》られているのです。その神さまの多さからも、多くのご神徳[※12]をいただける神社です。

「日が立つ」と書く日立。まさに読んで字のごとく、レイライン[※27]上に位置し、昔から大切にされてきた場所。「何かに本気で取り組みたい」など、人生の節目を迎えている方におすすめの神社です。

参道沿いにあるしめ縄がはられたご神木[※13]が素晴らしく、パワーがあふれています。もし時間があれば、天の岩戸があるとされる裏山を一周してみるのもおすすめです。

Check it!

ご祭神[※10]の「御岩山」

パワーを感じられるビリビリスポットは、なんといっても、御岩神社すぐ裏の「御岩山」です。標高もさほど高くなく、往復2時間ほどの登山道ですので、真冬以外の季節であれば、スニーカー程度の装備でOK。ぜひ登ってみてください（ただし、JR日立駅からのアクセスは少し不便なので、車やレンタカーの利用をおすすめします）。「かびれ神宮」という小さな奥の院のお宮あたりは特に、強力なパワースポットです。

Check it!

龍の天井絵

御岩神社のお社の一つ、斎神社《さいじんじゃ》回向殿《えこうでん》に描かれている龍の天井絵。1990年生まれのアーティストによる作品ですが、古くからあるように描かれているので神社の雰囲気と交わり、神聖な雰囲気を纏《まと》っています。龍を上空から眺めるような構図で描かれているため、他の寺社仏閣にある龍神図とはまた違った趣があります。〝天井画の龍〟がお好きな方は見比べてみてもいいかも。

神社'sGUIDE

縄文晩期の祀り跡の発掘をはじめ、「浄らかな山かびれの高峰（御岩山の古称）に天つ神鎮まる」と記されていることから、古代より信仰の深い聖地であったことがうかがえる、ご神気[※11]に満ちた神社。

ご祭神は国之常立神、大国主、伊邪那岐命、伊邪那美命ほか、20柱の御岩山と総祭神188柱が祀られ、中世には山岳信仰と共に神と仏を調和させ、同一視する霊場となりました。江戸時代は出羽三山を勧請[※6]し、徳川光圀公《とくがわみつくにこう》（水戸黄門様）などの崇敬神社としても知られています。

境内には、「かびれ神宮」「薩都神社中宮《さとじんじゃちゅうぐう》」「斉神社回向殿」など、様々な神社があります。

data

茨城県日立市入四間町752　TEL／0294-21-8445
参／9:00～17:00（登山は15:00まで）

鹿《か》島《しま》神《じん》宮《ぐう》

関東／茨城

おすすめタイプ

6
10
4

武道の神さまを祀る関東最古の神社

「地震を抑えている神さま」として、地中深くに埋まる「要石《かなめいし》」が、「地震を起こすナマズの頭を抑えている」と伝えられています。勝負ごと（裁判ごと含む）についての祈願、土地や家の購入後の地鎮祈願などにおすすめ。背筋が伸びる、男性的かつ原始的な荒ぶる力を感じます。

data

茨城県鹿嶋市宮中 2306-1
TEL／0299-82-1209
参 ／8:30〜16:30

Check it!

パワー溢れる奥宮※5

東京ドーム約15個分に及ぶ境内は、とにかく広い。中でもパワーを感じるのは、ご祭神※10の武甕槌大神《たけみかづちのおおかみ》を祀り、写真にある「奥宮」。境内にいる鹿（鹿島神宮の眷属神※8）を眺めながら、奥宮まで歩いてみては。勝負事の神さまで、おみくじもおすすめ。

✓神社'sGUIDE

鹿島神宮は、日本建国・武道の神さまをご祭神とする、神武天皇創建の神社です。茨城県の一の宮※2で、全国約600社ある鹿島神社の総本宮※18。西の「香取神宮（P57）」に対して、東の「鹿島神宮」と呼ばれる守護神です。

関東／栃木

日《にっ》光《こう》東《とう》照《しょう》宮《ぐう》

おすすめタイプ 4 10 1 11

江戸（東京）にパワーをもたらす神社

徳川家康公をお祀りしている日光東照宮。一番のポイントはその立地。龍脈[※26]上に位置し、江戸（今の東京）によいパワーをもたらしています。江戸幕府の繁栄も、その立地が影響していたのかも。霊感ある神さまなので、「国家安定」「家内安全」「事業繁盛」がご神徳[※12]です。

data
栃木県日光市山内2301
TEL／0288-54-0560
参 ／8:00〜17:00（4月〜10月）、
8:00〜16:00（11月〜3月）

Check it!

二荒山《ふたらさん》神社

二荒山神社は、日光連山を代表する標高2486mの山「男体山《なんたいさん》」を源とするパワースポット。山自体が信仰の対象で、山頂には奥宮[※5]があります。男体山の龍脈が中禅寺湖《ちゅうぜんじこ》を経て、二荒山神社に入っているともいわれています。

神社'sGUIDE

日本を代表する世界遺産の一つ、日光東照宮。建立は元和《げんな》3年。「見ざる、言わざる、聞かざる」の三猿や眠り猫など、動物の木彫像でも有名。境内は国宝8棟、重要文化財34棟を含む、55棟の建造物が並ぶ美しい神社です。

関東／群馬

榛《はる》名《な》神《じん》社《じゃ》

おすすめタイプ
2 6 9

北関東イチオシ「オールラウンダー」神社

主祭神※14は火の神さま・火産霊神《ほむすびのかみ》と土の神・埴山《はにやま》毘売神《ひめのかみ》ですが、合祀神※9として五穀豊穣、リーダーシップ、産業、商業、人気運などの神さまが勢揃い。オールラウンダーな「導きの神さま」といえるでしょう。心願成就のパワーは強いものの、その分、ハードな課題が与えられるかも。

Check it!

参道と巨石

巌山《いわやま》という広大な境内地。本殿までは入り口から約700mの参道が続き、清流沿いの老杉が並ぶ景観など、気持ちのいい気が流れています。おすすめは拝殿のうしろにある巨石まわり。ビリビリするパワーを感じてみてください。

神社'sGUIDE

赤城山《あかぎさん》、妙義山《みょうぎさん》とともに上《じょう》毛三山《もうさんざん》の一つとされる榛名山の神を祀る神社。延長5年(927年)、全国の主要神社名を書きあげた『神名帳』にも載っており、格式の高い神社と考えられています。

data

群馬県高崎市榛名山町849
TEL／027-374-9050
参／7:00〜18:00(冬季は17:00まで)

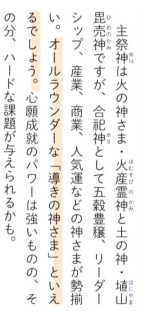

関東／埼玉

武蔵《むさし》一宮《いちのみや》氷川《ひかわ》神社《じんじゃ》

おすすめタイプ

4 7 6 11

強力な「守護パワー」のある神社

全国にある氷川神社[※23]系の総本社[※18]。江戸に都が移る前から関東一円を守ってきた神さまです。土地、財、家庭などを守りたい方には特におすすめ。ご祭神[※10]は素戔嗚命《すさのをのみこと》、稲田姫命《いなだひめのみこと》、大己貴命《おおなむちのみこと》と出雲系の神さまが揃っているので、ご縁結びや荒ぶる物事を鎮める知恵を授けてくれるはずです。

Check it!

〝ダブル縁結びパワー〟を授かれる神社

縁結びを特に強く祈願するなら、本殿に向かって右側にある〝御嶽神社《みたけじんじゃ》〟にご参拝を。大国主《おおくにぬし》と少彦名《すくなひこな》のダブル縁結びパワーが良縁を結んでくれるはず。特に境内の池周辺で小雨が降るなど、雨の気配を感じたら良縁の到来も近いかもしれません。

data

埼玉県さいたま市大宮区高鼻町1-407
TEL／048-641-0137
参　／9:00〜16:00

神社'sGUIDE

第五代孝昭天皇《こうしょうてんのう》の時代（約2500年前）に創建されました。

武蔵一宮氷川神社のあるさいたま市高鼻町《たかはなちょう》は、「高台の端」を示しており、「大宮」の地名は「大いなる宮居」と称えたことに由来します。

三峯神社《みつみねじんじゃ》

関東／埼玉

おすすめタイプ
12
8
7
11

関東最高レベルの禊スポット

関東最高峰にあり、「上からの力」やお導きを感じることができます。関東圏では寒川神社（P84）と並ぶ、魔除けのスペシャリスト。他人からの念などネガティブなものを祓いたい人は、陽の時間といわれる午後3時頃までの参拝を目指して。毎月1日に授与される白い「氣守《きまもり》」も話題です。

Check it!

氣守と宿坊《しゅくぼう》

神さまの氣力にあやかる白い「氣守」の日は、行列を覚悟して。霊的な力を感じるパワースポットなので、夕方に着くようなプランは避けましょう。神社には宿坊や温泉もあるので、前泊し、温泉で禊を終えてから参拝するのがおすすめ。

神社'sGUIDE

奥秩父にある「秩父多摩甲斐国立公園《ちちぶたまかいこくりつこうえん》」内に鎮座します。狼を眷属神※8とし、神社各所に狼の像が鎮座しています。日本武尊《やまとたけるのみこと》が東国を巡幸《じゅんこう》中《ちゅう》、伊弉諾尊《いざなぎのみこと》と伊弉冊尊《いざなみのみこと》を祀り、創祀したといわれています。

data

埼玉県秩父市三峰298-1
TEL／0494-55-0241
参 ／7:00〜17:00

関東／千葉

香《か》取《とり》神《じん》宮《ぐう》

おすすめタイプ
10 1 6 3

鹿島神宮と共に東国を護る

ご祭神[※10]・経津主大神《ふつぬしのおおかみ》は、茨城県の鹿島神宮（P52）のご祭神・武甕槌大神《たけみかづちのおおかみ》と、神話の中で深い関わりをもち、両神は刀から生まれた武運の神として、国護りの偉業を成し遂げました。朴訥《ぼくとつ》な印象の鹿島神宮に対して、香取神宮は華やかな印象の神社です。

Check it!

摂社[※18]・奥宮[※5]がパワースポット

本殿しかり、奥宮にもいい気が流れています。また、本殿の近くのご神木[※13]に手をかざしてみるのもおすすめ。真っ直ぐ上に登るパワーがあり、昇進したい、勝負事を目前に控えているなど、「景気づけたい方」にご利益があると思います。

✔神社'sGUIDE

香取神宮は千葉県北部の一の宮[※2]で、全国約400社の香取神社の総本社[※18]。皇室からの御崇敬が厚く、明治以前に「神宮」のご称号をつけられたのは、伊勢神宮（P104）のほかは香取、鹿島のみという、高い社格の由緒ある神社です。

data

千葉県香取市香取1697-1
TEL／0478-57-3211
参　／24時間

関東／東京

東京大神宮《とうきょうだいじんぐう》

おすすめタイプ
1 4 10

縁結びで人気「東京のお伊勢さま」

神前結婚式創始の神社です。東京の2大縁結び神社といえば、府中の大國魂神社（P62）と、東京大神宮。おみくじを引いてみたり、お守りを受けてみて、フィーリングの合う方をご自身の縁結び神社としていいと思います。授与所の手前にある榊《さかき》の木の周辺に、強いパワーを感じます。

Check it!

筑土八幡神社《つくどはちまんじんじゃ》

特に女性は、同じ飯田橋駅近くにある筑土八幡神社※22にも足を延ばしてみましょう。芸事の神といわれる天《あめの》鈿女命《うずめのみこと》がご祭神※10であることから、東京大神宮と並び、女子力を上げる2大神社です。僕の周りでは、即効性のある神社と評判です。

✔神社'sGUIDE

伊勢神宮（P104）のご祭神、天照皇大神《あまてらすすめおおかみ》と豊受大神《とようけのおおかみ》、さらに倭比賣命《やまとひめのみこと》が祀られていることから、「東京のお伊勢さま」と呼ばれています。造化の三神※17も祀られていて、縁結びに御利益のある神社として有名です。

data

東京都千代田区富士見2-4-1
TEL／03-3262-3566
参　／6:00～21:00、
(お守り授与は8:00～19:00)

関東／東京

鳩《はとの》森《もり》八《はち》幡《まん》神《じん》社《じゃ》

おすすめタイプ
1
5
8

人気運を授かる、富士塚登山

都内最古の富士塚があることで知られる神社。ご祭神[※10]は代々木八幡宮[※22]（P60）と同じ、八幡様ですが、富士塚山頂には木花《このはなの》咲《さく》耶《や》姫《ひめ》を祀り、美しく、出産にまつわる神話があるため、人気運や安産・子育てのパワー、頭角を現すご神徳[※12]が。人気商売や客商売をしている方におすすめです。

Check it!

都内最古の富士塚

富士塚は、江戸時代に流行した富士信仰を江戸でも再現できるよう、富士山に模して造られた塚のこと。標高約6m。山頂には富士山から運んだ溶岩を配置、富士山頂の「浅間大社奥宮」が再現され、ビリビリするパワーを感じます。

神社'sGUIDE

八幡様をご祭神とする神社で、総本社[※18]は大分県にある宇佐神宮（P174）。昔、辺りの林に瑞雲《ずいうん》と呼ばれるめでたいことの前兆の雲が現れ、白い鳩が西に向かって飛び去ったことから、「鳩森」と名付けられました。

data

東京都渋谷区千駄ケ谷1-1-24
TEL／03-3401-1284
参 ／9:00〜17:00

関東／東京

代々木八幡宮《よよぎはちまんぐう》

「立身出世」のパワースポット

明治神宮（P70）の真裏に位置する代々木八幡宮※22は、特殊な立地の神社。元々の八幡宮の神さまのパワーに加え、明治神宮の森や富士山から続く龍脈※26から流れるご神気※11や、境内に出世稲荷※3があることから、出世や成功運のご神徳※12は都内の神社ではトップ5に入るくらい強力。境内の中は、「上昇気流しか感じられない」といえるでしょう。

代々木八幡宮がお祀りしている神さまは応神天皇《おうじんてんのう》（八幡様）。八幡様は古くは朝廷や武家からの崇敬をあつめ、「国家鎮護《こっかちんご》」「破邪顕正《はじゃけんしょう》」のご神徳で信仰を集めた神さまです。ハードな人生の課題を与えられることはありませんが、願いが叶ったとはいえ、「それで終わり」はNG。特にお稲荷さんがいらっしゃるので（P156）、お礼参りをすることを心がけてください。

おすすめタイプ

10 2 11

Check it!

代々木5丁目近辺

芸能人や著名人、政治家や財界の有名人など、代々木八幡宮を崇敬神社にしている方は多数。そういった人の中には、神社を中心に、富ヶ谷・神山町・大山町・代々木付近を住まいにする人が多く、超高級マンションや邸宅が並ぶのもうなずけます。中でも立身出世系のパワーが強いのは、代々木5丁目付近。参拝がてら、そのあたりを散歩するだけでも、出世パワーの気にあやかれるかもしれません。

Check it!

パワーサークル

正面の鳥居があるところから上がっていくと、道が二つに分かれており、右側が正式参拝路、左側には古代住居跡があります。

その正面にあるサークルのようになっている広場が、実はいい気があつまるポイント。鞍馬寺（P187）の魔方陣のような、ジーンとするエネルギーを感じられるはずです。

神社's GUIDE

建暦《けんりゃく》2年（1212年）、源頼家の近習・近藤三郎是茂《こんどうさぶろうこれもち》の家来の荒井外記智明《あらいげきともあきら》によって創建されました。ご祭神[※10]は応神天皇。その時代に、大陸文化が多く渡来したことから「産業・文化の発展と守護」の神として崇敬されました。またその母・神功皇后《じんぐうこうごう》との神話から「安産」「子育て」「家内安全」の神としてあがめられています。

毎年、9月22、23日に行われるお祭り「例大祭」は、境内にたくさんの露店が出て賑わいます。また、町のお神輿の渡御が行われ、23日には各町神輿の宮入りもあります。事前連絡をすれば、「大人神輿」に参加することも可能。

data

東京都渋谷区代々木5-1-1　TEL／03-3466-2012
参／9:00～17:00（ご祈祷の受付は16:30まで）

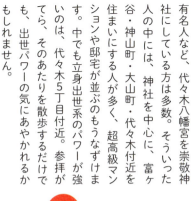

関東／東京

大《おお》國《くに》魂《たま》神《じん》社《じゃ》

関東最大級の出雲系神社

おすすめタイプ
10 7

府中駅近くにあるこの神社は、武蔵の国の守り神。関東でも、特に西側の地域にお住まいの方や仕事場にご縁のある方は、一度は訪れていただきたい神社です。出雲の大国主神《おおくにぬしのかみ》と御同神、大國魂大神《おおくにたまのおおかみ》をご祭神※10としているだけあって、東京にいながらにして、出雲大社の空気を感じることができます。関東圏内の出雲系神社の中では、最大級の規模感・クラス感といえるでしょう。

カリスマ性・リーダーシップを高めたい方、また縁結び（仕事運を含む、すべての人間関係）祈願をされたい方はぜひご参拝を。

邪祓いの力の強い神社でもあり、訪れると境内の凛としたエネルギーに全身がすっきりするのがわかると思います。

Check it!

ご神木[※13]の「大けやき」

京王線の府中駅を降りるとすぐに、立派な表参道が延びています。500m以上に渡る参道にはけやき並木が続き、「馬場大門けやき並木」と呼ばれ、けやき並木としては国内で唯一の天然記念物に指定されています。

まさに「神社へのいざない」を感じるこの参道にはご神気[※11]が溢れ、そぞろ歩きも気持ちがいい場所。特に参道沿いは立派な木が多く、それらのご神木からもパワーをチャージすることができます。

もちろん、境内の中にも、力強いご神木はたくさん。近くまで行って、ビリビリするパワーを感じてみてください。

Check it!

水神社《みずじんじゃ》

たくさんの摂社[※18]、末社[※18]がある神社ですが、中でもおすすめは水神社。ご神水[※13]がでているので、お水取りに来ている人もちらほら。大国主神や少彦名命《すくなひこなのみこと》は厄除け、快癒の神さまでもあるので、ご神水にも2柱[※21]の力が宿っているのかもしれません。

✔神社'sGUIDE

紀元は111年、武蔵の国（現在の東京都、埼玉県、神奈川県の一部）の守り神として大國魂大神を祀ったのが始まり。ご祭神の大國魂大神は、大昔、武蔵の国を開き、人々に衣食住の道を教え、医療法やまじないの術も授けられた神さまで、福の神、又は縁結び、厄除け・厄払いの神として著名な神さまです。

「大化の改新」以後、府中に国府が置かれることとなり、大國魂神社がその総社として発展。招福や、縁を結ぶ神社として、現在も厚い信仰を集めています。縁結びのご利益から、結婚式を挙げる人も多くいます。また、関東三大奇祭の一つ「くらやみ祭」も有名です。

data

東京都府中市宮町3-1　TEL／042-362-2130

参／6:00～18:00（4月1日～9月14日）、6:30～17:00（9月15日～3月31日）

福《ふく》徳《とく》神《じん》社《じゃ》（芽《め》吹《ぶき》稲荷《いなり》）

おすすめタイプ
2
4

金運を上げたい人に

貞観《じょうがん》年間（859〜876年）からの歴史をもつ福徳神社。徳川家康公はじめ、武将からの崇敬が篤いことで知られています。宝くじ当選祈願のご祈祷を受ける方も多く、金運にご利益の高い神社です。

金運を上げたい方には、特におすすめしたい神社です。

Check it!

宝くじなどを入れる「宝袋」

江戸時代に富くじ（宝くじの起源）を許された数少ない神社であることから、「富籤守《とみくじまもり》」や江戸小紋柄《えどこもんがら》の商売守りなど、面白いお守りが豊富。中でもおすすめは、宝くじなど大切なものを保管する「宝袋」。内側は縁起のよい宝船柄です。

✔神社'sGUIDE

福徳は、「幸福と利益」の意味。徳川秀忠公よりその神号を賞賛されたとき、椚《くぬぎ》の皮付きの鳥居に春の新芽の芽吹きがあったことから、別名「芽吹稲荷」とも呼ばれています。ご祭神は、五穀豊穣を司る倉稲魂命《うかのみたまのみこと》です。※10

data

東京都中央区日本橋室町2-4-14
TEL／03-3276-3550
参　／9:00〜17:00
（元旦のみ0:00〜17:00）

小《こ》網《あみ》神《じん》社《じゃ》

おすすめタイプ
12
2
6

気軽に参拝できる、都心の厄除け神社

「強運厄除け」「東京銭洗弁天《とうきょうぜにあらいべんてん》」として人気の神社。境内はコンパクトながら、上昇運を呼ぶパワーがあります。ご祭神※10に倉稲荷魂神《うがのみたまのかみ》、市杵島姫神《いちきしまひめのかみ》、福禄寿《ふくろくじゅ》をお祀りしており、日本橋七福神めぐり（七福神を祀る東京の神社を参拝すること）の一社でもあります。金運と「魔を払う」ご神徳※12があります。

Check it!

昇り龍と降り龍

向拝《こうはい》（神社の屋根の張り出した部分）に施された「昇り龍」と「降り龍」の彫刻は、「強運厄除の龍」として拝されています。基本的に龍神様は〝覚悟〟や〝勇気〟のようなものを求める代わりに、非常に強力なエネルギーを授けてくれます。

神社'sGUIDE

戦禍を免れ、現在日本橋地区に残された唯一の木造檜造《もくぞうひのきづくり》の神社建築です。文正元年に流行した悪疫を、網師の翁がこの庵で過ごして鎮めたことから、「小網稲荷大明神」と称え、「強運厄除の神さま」として崇められました。

data

東京都中央区日本橋小網町16-23
TEL／03-3668-1080
参　／9:00〜18:00

関東／東京

日《ひ》比《び》谷《や》神《じん》社《じゃ》

おすすめタイプ

4 6 12

新橋・東新橋・汐留の鎮守様

新しい土地と神さまをつなぐ守りのパワーがあり、汐留やお台場で働く人は、一度はご参拝を。「祓い」を司る祓《はらい》戸《ど》四柱《よつばしら》大神《おおかみ》がご祭神※10なので、「事故に遭いやすい」「インフルエンザにかかりやすい」「皮膚のトラブルがある」という人は参拝してみてください。

Check it!

虫封じ

昔、特に虫歯や虫封じに苦しむ人が御祈祷をうけると霊験があるとされ、鯖《さば》を食べることを断つと、治ったとか。以降、治った人々は鯖を奉納するといわれてきました。皮膚に敏感な方にも薬効があります。

✔神社'sGUIDE

この地に御鎮座して400有余年となる古社。新橋・汐留エリアの神さまとして崇敬を集めています。

稲荷神と並ぶ農業神・豊受《とようけ》大神《のおおかみ》、あらゆる罪・穢れを払う神・祓戸四柱大神をお祀りしています。

data

東京都港区東新橋2-1-1

TEL／03-3433-2034

参　／9:00～17:00（不定休）

関東／東京

芝《しば》大《だい》神《じん》宮《ぐう》

おすすめタイプ
1
2
10

背筋が伸びる「エグゼクティブ神社」

かつて「関東のお伊勢さん」と呼ばれた芝大神宮。一千年の歴史と、源頼朝や徳川家康が厚く信仰していたという品格から、実は経営者や政治家の隠れた崇敬神社でもあります。毎年元旦には高級車がずらりと並ぶほど。起業している方、その予定のある方は、一度訪れてみてください。

Check it!

白と黒の「商い守」

「商売繁盛」「千客万来」の「商い守」がおすすめです。白は「白星・土つかず」、黒は「黒字」の意をそれぞれ表しているとか。芝大門という土地柄、ビジネスマンにも人気。ここでしか手に入らない、貴重なお守りです。

神社'sGUIDE

東京十社（P90）の1社。ご祭神[※10]は伊勢神宮のご祭神である、天照大御神《あまてらすおおみかみ》と、豊受大神《とようけおおみ》神《かみ》。

鎌倉時代は源頼朝公、江戸時代は徳川幕府の厚い信仰をうけ、関東一円の庶民信仰を集めました。

data
東京都港区芝大門1-12-7
TEL／03-3431-4802
参 ／9:00～17:00

関東／東京

愛宕《あたご》神《じん》社《じゃ》

悩めるクリエイターにひらめきを

おすすめタイプ
5 1 3

標高26mの愛宕山の山頂にある愛宕神社。大鳥居をくぐって正面にある男坂・別名「出世の石段」が有名ですが（徳川家光公の家来が、急勾配で危険な石段を馬で上り、所望された梅の枝を献上して出世したことから）、社殿まで登ると感じるのは、出世を目指す「山気」というよりは、むしろ心がクリアになる静寂な空気。ひらめきやインスピレーションが降りてきそうな、「神さま降臨」の雰囲気を味わえるつくりの山になっています。

そのため、どちらかといえば会社勤めの方よりも、クリエイターやアーティスト含む自営業など、「一発逆転」がありえる職種の人向き。オリジナルで0から何かを生み出す職業の方が、運気を上げてくれる効果が出やすいと思います。

Check it!

弁財天社《べんざいてんしゃ》

境内の中にはいくつも神さまが祀られていて、その中でも最もパワーを感じるのが弁財天。市杵島姫命《いちきしまひめのみこと》をお祀りしています。

出世の石段、IT通信、火の神さまである火産霊神《ほむすびのかみ》、そしてこの弁財天とくれば、IT通信系やネット関係や音楽・芸術系の運気upのご神徳※12を得られるかもしれません。

お社のそばに池があり、梅雨の時期には紫陽花も綺麗に咲き誇ります。

Check it!

出世の石段

表参道たる男坂「出世の石段」が有名ですが、その脇には傾斜の緩い女坂、そして裏手にはエレベーターもあります。

境内に入るにはいくつものルートがありますが、ご利益にあやかるためにはぜひとも男坂を一気に上がっていただきたいところ。踊り場もないので、休むところはないですが、86段の階段を休まず登ると、さらなる出世パワーを期待できるかも。

✔神社's GUIDE

1603年、徳川家康公の命により、防火の神さまとして祀られました。庚戌本社《こうじゅつほんしゃ》をはじめ、末社《まっしゃ》仁王門《におうもん》、坂下総門《さかしたそうもん》、別当所《べっとうしょ》等将軍家の寄進により、建立された歴史ある神社です。主祭神※14は、火の神・火産霊命《ほむすびのみこと》。大正12年9月1日、関東大震災に、昭和20年5月24日帝都大空襲により太郎坊神社を残し社殿は焼失しましたが、昭和33年9月、御本殿などが再建され、現在に至ります。23区内で自然の地形としては、最も高い山であり、春は桜、夏は樹木の涼と蝉時雨、秋は月と紅葉、冬は雪景色と四季折々の表情が。境内の中には、福寿稲荷神社《ふくじゅいなりじんじゃ》、弁財天社、恵比寿大黒社《えびすだいこくしゃ》、太郎坊社《たろうぼうしゃ》があります。

data

東京都港区愛宕1-5-3　TEL／03-3431-0327
参／9:00～17:00

関東／東京

明治神宮《めいじじんぐう》

森のパワーを感じる都会のオアシス

おすすめタイプ
1 9
10

富士山から皇居へ向かう龍脈[※26]が合流する場所にある明治神宮は、強力な「龍穴[※25]」のパワースポットと言われています。明治神宮を中心に、表参道、明治神宮の森の真裏に位置する代々木5丁目付近まではご神気[※11]を受けている地域で、あたり一帯には安定した「繁栄」の空気が流れています。著名文化人、芸能人の家が多くあるのも、そのせいかもしれません（特に、竹下通りを抜け、ラフォーレ原宿、東郷神社あたりの気は最強です）。

龍穴の自然エネルギー、「鎮守の杜」の癒やしパワーを同時にチャージすることのできる、都会のオアシスといえるでしょう。人気運を高めるご神徳[※12]から、芸能系やファッション関係の方、また明治天皇と皇后の昭憲皇太后《しょうけんこうたいごう》をお祀りしていることから、外交関係、海外に縁の深い方にも相性がよいでしょう。

Check it!

本殿の前の「クロスポイント」

鳥居の位置と太陽の関係からみると（一の鳥居※1は、太陽の方を向いて立っています）、明治神宮では拝殿よりも、その手前にあるポイントが、境内のなかでいちばんパワーがある場所です。大鳥居を抜け、御苑北門から本殿に向かうルートと、西参道から向かうルートがちょうどクロスする当たりの場所。太陽の光と龍の気がもろにぶつかりあっているせいなのか、人によってはこのクロスポイントに立つと、「体が温かくポカポカする」などと体感できます。

Check it!

北参道ルート

観光客でも賑わう明治神宮は、いつも多くの人で混み合っています。原宿駅、または明治神宮前駅からのアクセスを利用する方が多いのですが、僕のおすすめは断然、JR代々木駅で下車し、北参道から行くルート。こちらの方が人も少ないため、より神社の清浄な気に包まれ、都会の喧騒《けんそう》にいながらも静かな鎮守の杜を感じることができます。

✔神社'sGUIDE

初詣の参拝者数が日本一で知られる明治神宮は、明治天皇と昭憲皇太后をお祀りする神社で、東京を代表する観光地でも。大正9年、両ご祭神※10と特にゆかりの深い、代々木の地に御鎮座となりました。

明治神宮は、2020年に鎮座百年を迎えますが、広大な鎮守の杜は、創建時に150年後の自然林化を見据えて設計、植樹されたもの。内苑を中心に、聖徳記念絵画館を始め数多くのスポーツ施設を持つ外苑と、結婚式とセレモニー、パーティー会場の明治記念館からなっています。加藤清正が掘ったと言われる清正井や、昭憲皇太后のために植えられた花菖蒲など、多くの見所も。

data

東京都渋谷区代々木神園町1-1　TEL／03-3379-5511

参／9:00〜16:20（月により開閉門時間は異なります）

関東／東京

神田明神《かんだみょうじん》

おすすめタイプ
10 6 7

東京108町の総氏神様

江戸城から見て鬼門※7にあたる神田明神は、鬼門除けとして建立されました。ご祭神※10は大己貴命《おおなむちのみこと》（大黒様）、少彦名命《すくなびこなのみこと》（えびす様）、平将門命のほか、金比羅神社、三宿稲荷※3など、「神社のデパート化」しているのが特徴。多くのご神徳※12にあやかれ、「1社で何粒も美味しい」神社です。

Check it!

本殿裏の「三宿稲荷」

本殿だけで終わらず、ぜひ脇道から裏手に回ってみてください。通年参拝客の絶えない神田明神ですが、裏手は案外空いていることも。中でも、「三宿稲荷」の付近、拝殿の右側にあるモニュメント付近はビリビリ感じるパワースポットです。

✔神社'sGUIDE

「江戸総鎮守」として1300年の歴史をもつ神田明神。現在は神田、日本橋、秋葉原、丸の内など、108町会の総氏神様です。730年、出雲系の氏族が現在の千代田区大手町付近に大黒様を祀ったと言われています。

data
東京都千代田区外神田2-16-2
TEL／03-3254-0753
参 ／9:00〜16:00

関東／東京

根《ね》津《づ》神《じん》社《じゃ》

おすすめタイプ
4
7
8
11

土地開拓のパワーに触れる

土地、家庭運など、「開拓のパワー」が宿る神社。神話に登場する大蛇「ヤマタノオロチ」を退治した須佐之男命《すさのおのみこと》がご祭神※10のため、穢《けが》れが祓われ、常に清浄な気が保たれているように感じます。僕は毎年元旦、東京十社巡り（P90）の際に、ここで古い御札をお焚きあげしていただきます。

Check it!

乙女稲荷※3

根津神社にある乙女稲荷は、倉稲《うかの》魂神《みたまのかみ》がご祭神で、本殿におわす須佐《すさ》之男命《のおのみこと》とは親子にあたるとされているため、ここをセットでお参りすると親子関係が穏やかになりそう。親子で関係がこじれている人には、ご利益がもたらされるかも。

神社'sGUIDE

1900年余の昔、日本《やまと》武尊《たけるのみこと》が千駄木の地に創祀したと伝えられる歴史の古い神社で、東京十社の一つです。

ご祭神は、縁結びの神さまで知られる須佐之男命《すさのおのみこと》など。

data

東京都文京区根津1-28-9
TEL／03-3822-0753
参　／10:00～16:30（夏期は17:30まで）

赤《あか》坂《さか》氷《ひ》川《かわ》神《じん》社《じゃ》

関東／東京

おすすめタイプ
8
12
7

幽玄《ゆうげん》なムード漂う良縁に強い神社

素盞嗚尊《すさのおのみこと》と奇稲田姫命《くしいなだひめのみこと》、大己貴命《おおなむちのみこと》がご祭神[※10]。縁結びや子宝祈願で知られていますが、生み出すパワーにもあやかれる神社です。

境内にはたくさんの樹々が生い茂り、江戸の情景が残る珍しい神社で、エネルギーチャージに絶好です。

data

東京都港区赤坂6-10-12
TEL／03-3583-1935
参　／6:00〜17:30

Check it!

入り口付近の「お稲荷[※3]さん」

鳥居のある入り口が数カ所あるのですが、氷川坂側から入るとすぐ右手にある「西行《さいぎょう》稲荷」[※23]付近がおすすめ。赤坂氷川神社の末社[※18]であるお稲荷さんで、小さなお社ながら、穏やかな波長のエネルギーを感じることができます。

神社'sGUIDE

東京十社（P90）の一つにも数えられており、1000年以上歴史がある赤坂氷川神社。現社殿は、徳川八代将軍吉宗公が建立しました。御社殿は、東京都重要文化財に指定されています。

郵便はがき

お手数ですが
切手を
お貼りください

150-8482

東京都渋谷区恵比寿4-4-9
えびす大黒ビル
ワニブックス 書籍編集部

お買い求めいただいた本のタイトル

本書をお買い上げいただきまして、誠にありがとうございます。
本アンケートにお答えいただけたら幸いです。
ご返信いただいた方の中から、
抽選で毎月5名様に図書カード(1000円分)をプレゼントします。

ご住所 〒

TEL (　　-　　-　　)

(ふりがな)
お名前

ご職業

年齢　　歳

性別　男・女

いただいたご感想を、新聞広告などに匿名で
使用してもよろしいですか?　(はい・いいえ)

※ご記入いただいた「個人情報」は、許可なく他の目的で使用することはありません。
※いただいたご感想は、一部内容を改変させていただく可能性があります。

●この本をどこでお知りになりましたか?(複数回答可)

1. 書店で実物を見て　　2. 知人にすすめられて
3. テレビで観た(番組名:　　　　　　　　)
4. ラジオで聴いた(番組名:　　　　　　　　)
5. 新聞・雑誌の書評や記事(紙・誌名:　　　　　　　　)
6. インターネットで(具体的に:　　　　　　　　)
7. 新聞広告(　　　　新聞)　　8. その他(　　　　　　　　)

●購入された動機は何ですか?(複数回答可)

1. タイトルにひかれた　　2. テーマに興味をもった
3. 装丁・デザインにひかれた　　4. 広告や書評にひかれた
5. その他(　　　　　　　　)

●この本で特に良かったページはありますか?

[　　　　　　　　]

●最近気になる人や話題はありますか?

[　　　　　　　　]

●この本についてのご意見・ご感想をお書きください。

[　　　　　　　　]

以上となります。ご協力ありがとうございました。

関東／東京

富《とみ》岡《おか》八《はち》幡《まん》宮《ぐう》

おすすめタイプ
2
10
9

下町パワーの「勝負」守り神社

江戸《えど》勧進《かんじん》相撲《すもう》発祥《はっしょう》の地であり、武神の神さまをお祀りしていることから、スポーツをはじめとする「勝負運」にご縁がある神社です。

東京十社（P90）唯一の八幡様[※22]として、僕も毎年参拝しています。境内には摂社[※18]・末社[※18]も多く、他の神さまのご神徳[※12]にもあやかれます。

Check it!

深川不動尊

深川不動尊と隣接しているため、下町の商売繁盛の気と、武神である八幡様の〝勝つ〟気が混ざり合っています。応神天皇《おうじんてんのう》が主祭神[※14]ですが、えびす様も祀られているので、飲食関係や金運のご神徳も。

神社'sGUIDE

寛永4年（1627年）、当時永代島と呼ばれていた現在地に創建されました。地域からは「深川の八幡様」と親しまれ、今も昔も変わらぬ信仰を集めています。毎月1日、15日、28日の月次祭は縁日として賑わいます。

data

東京都江東区富岡1-20-3
TEL／03-3642-1315
参　／9:00〜17:00

結《むすび》神《じん》社《じゃ》

関東／東京

おすすめタイプ 7

「男女の縁結び」に特化した神社

結神社は、東京・虎ノ門にある金刀比羅宮《ことひらぐう》の境内に鎮座する末社※18です。オフィス街の中心にある小さなお社ですが、江戸時代から良縁を求める多くの女性の信仰を集め、古くから大事にされてきた歴史と、穏やかなパワーが感じられます。婚活中の方など、異性関係の祈願におすすめです。

data

東京都港区虎ノ門1-2-7
TEL／03-3501-9355
参　／9:00～17:00(平日)、
9:00～16:00(土日祝)

Check it!

良縁祈願セット

女性限定の良縁祈願セットがあります。その中の「良縁祈願紐」に対し、心からの良縁を祈願して台に結び付けます。

紐を結び付けた後に、「二拝二拍手一拝」の作法で良縁を祈願しましょう。

神社'sGUIDE

ご祭神※10は結大神《むすびおおかみ》。古くから女性たちは折り紙や自らの黒髪の一部を切り取り、社殿の格子に結び付け良縁を願いました。心を込めた品物を神さまに奉納することで、「縁を結ぶ」と「物を結ぶ」を掛けていたのかもしれません。

関東／東京

布《ふ》多《だ》天《てん》神《じん》社《じゃ》

おすすめタイプ
6 8 4 12 10

少彦名命《すくなひこなのみこと》を祀る古社

少彦名命をご祭神[※10]とする布多天神社は、大国主《おおくにぬしの》大神《おおかみ》をご祭神とする大國魂神社（P62）と双璧をなす神社。経営、医薬、酒造の神さまと言われ、調布の街が栄えているのはそのため、という逸話も。ご神徳[※12]は医療、薬事、温泉など、健康にまつわるオールラウンダー神社です。

Check it!

ダブルの天神[※19]パワーにあやかる

〝なで牛〟がいることから、菅原道真公も祀られていることがわかります。知恵の神・少彦名命と学問の神・菅原道真公のダブル天神パワーがもらえる珍しい神社です。江戸時代から現在まで、毎月25日に行われている天神市に合わせて参拝しても。

✔神社'sGUIDE

布多天神社は布田五宿（甲州街道にあった宿町。現在の東京都調布市）の総鎮守。多摩地方有数の古社です。文明9年（1477年）に多摩川の洪水をさけ、現在地へ遷した際に、菅原道真公も祀られました。写真は「あかり計画」の様子。

data

東京都調布市調布ヶ丘1-8-1
TEL／042-489-0022
参 ／9:00〜17:00

関東／東京

今《いま》戸《ど》神《じん》社《じゃ》

本気の婚活をするならここ！

日本の国土を創り、多くの神々を産んだ伊邪那岐《いざなぎの》命《みこと》・伊邪那美命《いざなみのみこと》は、「夫婦和合」を取り持つ産霊の神として知られています。この両神をご祭神[※10]とする今戸神社は、実は僕がおすすめする隠れた縁結び神社。「彼氏・彼女」の縁結び祈願であれば東京大神宮（P58）ですが、「家族がほしい」「子どもがほしい」という、本気の婚活を考えている方にはこちらがおすすめ！　合コンも、人からの紹介も、とにかくありとあらゆる手を尽くした方の、まさに「最後の神頼み」的な神社。僕のクライアントにも、今戸神社の参拝の後に結婚されたカップルや、子どもを授かった方がいます。江戸時代より「招き猫」発祥の地ともいわれており、拝殿にはペアの大きな招き猫が。左手を挙げた「金運招福」ではなく、右手を挙げた「良縁招福」であるのも特徴的です。

おすすめタイプ

8 7 4

オリジナルの「丸い絵馬」

境内でひと際目を引くのが、ぎっしり並んだ大量の絵馬。本気の婚活を願う人のエネルギーがみなぎり、パワーチャージできそうです。絵馬というと五角形のものが定番ですが、ここでは「角が立たない」「円満に収まる」ように、「縁」と「円」の語呂をかけ合わせて真ん丸にデザインされています。絵柄も馬ではなく、神社の顔でもあるペアの招き猫。ほかにはない珍しい絵馬なので、参拝に訪れた際はぜひ願いを書いてお願いしましょう。

招き猫のパワー

招き猫発祥の地といわれていて、境内に猫の置物（焼き物）がたくさん鎮座されています。招き猫を写真に撮ってスマホの待ち受けにすると、運気が上がるとも言われています。

絵馬が奉納されているエリアが特に祈りのパワーが強く、お賽銭箱の前あたりも同様にビリビリとしたパワーを感じます。

神社'sGUIDE

康平6年（1063年）に源頼義・義家親子が戦いの際に京都の石清水八幡宮（P141）を当地に勧請[※6]し、祈願したのが始まりと言われています。ご祭神は、伊邪那岐命・伊邪那美命のほか、応神《おうじん》天皇《てんのう》、福禄寿《ふくろくじゅ》。福禄寿は浅草七福神の一神で、白髪童顔の温和な容姿。年齢は数千年といわれ、福（幸福）と禄（生活・経済の安定）と寿（健康にして長命）との3つの福徳を授ける福の神として、古くから人々の尊信を集めています。

今戸神社のある浅草は、江戸文化発祥の地といわれ、七福神巡りが流行したのはその江戸時代からと伝えられています。

data

東京都台東区今戸1-5-22　TEL／03-3872-2703
参／9:00〜17:00

関東／東京

日《ひ》枝《え》神《じん》社《じゃ》

日吉神社とも関係のある「江戸の鎮守」

おすすめタイプ ④⑦

全国3800社の日枝神社・日吉神社は、ここ溜池山王にある日枝神社の分社。どちらのご祭神[※10]も、山の神、大山咋神《おおやまくいのかみ》です。江戸時代には武士が城や国の鎮護の神としてわかれ、全国に広まりました。国会議事堂や首相官邸などと隣接し、まさに「国家の中枢」という気を感じます。個人的にも、元旦の恒例参りである「東京十社巡り（P90）」の最後を飾るにふさわしい神社として、毎年必ず元旦に参拝をしています。当時の江戸城から見ると「裏鬼門」[※7]にある神社なので（反対側は、神田明神（P72）の方角）、重要な守護をまかされていることが伺えます。また、いくつも出入り口があるのも特徴的。キャピタル東急ホテル側にある表参道、エスカレーターがある裏参道、千本鳥居方向からも入る道など、いろいろな出入り口から入ってみるとまったく違う景色が楽しめるのでおすすめです。

Check it!

眷属神[※8]が猿

日枝神社の社殿には、ほかの神社にある狛犬ではなく「猿」が置かれています。ご祭神の大山咋神が山の神なので、「同じ山の守り神」と呼ばれる猿が使いとして重宝されていたとか。猿は、もともと神さまと人間のあいだをとりもつ存在として、昔から敬われる存在。「さる」という音から「勝る（まさる）」「魔が去る（まがさる）」とも言われ、勝運の神や魔除けの神、そして「猿は家庭を大事にする」ということから、夫婦和合・家内安全の神としても置かれています。申年生まれの参拝客も多く、有名なスピリチュアリストの方も、ここで結婚式を挙げたことで知られています。猿田彦大神《さるたひこのおおかみ》も祀られているので、実は伊勢（猿田彦神社の本宮が鎮座）ともご縁が深いのです。

Check it!

山王稲荷神社[※3]

日枝神社本殿から見て裏側に鎮座するのが、日枝神社ができる前からこの地にあった土地の神さま・山王稲荷。千本鳥居は伏見稲荷大社（P125）のそれを連想させます。

猿田彦と稲荷がセットになってお山に祀られているという意味では、愛宕神社（P68）とも類似していて、徳川家をはじめとする武人たちからの崇敬が厚いのは〝立身出世〟のご神徳[※12]があるからでしょうか。

✔神社'sGUIDE

東京・赤坂にある創建約800年の由緒正しき神社です。滋賀県・比叡山のふもとにある日吉大社（P122）が全国に派生し、創建された神社であることから、比叡山の神さま・大山咋神《おおやまくいのかみ》をお祀りしています。江戸の守り神でもあります。

大山咋神の「咋」は「主」という意味で、大山の主であると共に広く地主神として崇められました。山・水を司り、大地を支配し、「万物の成長発展・産業万般」の生成化育を守護するそのご神徳は、広大無辺と言われています。近年は厄除け、安産、縁結び、商売繁盛、社運隆昌の神として崇敬されています。

data

東京都千代田区永田町2丁目10番5号　TEL／03-3581-2471

参／5：00～18：00（4月～9月）、6：00～17：00（10月～3月）

水《すい》天《てん》宮《ぐう》

関東／東京

おすすめタイプ
8 9 2 5

日本の神々を産んだ高次の神の安産パワー

ご祭神[※10]は日本の神々の祖先、天之御中主神《あめのみなかぬしのかみ》。その「生み出す」力にあやかり、安産祈願や子授けの神さまとして有名です。「戌《いぬ》の日」（妊娠5ケ月に入った最初の日）には、腹帯を締めるという古来の風習から、安産祈願の妊婦さんで行列が。生成りの晒《さらし》「御《み》子《す》守《ず》帯《おび》」を授与できます。

Check it!

レイライン[※27]

江戸（東京）の心臓部に祀られている神社。水天宮から「日出ずる方角＝真東」にレイラインを引くと、有名企業や重要な神社が多く鎮座しています。さらに先には、香取神宮（P57）、鹿島神宮（P52）が。

✔神社'sGUIDE

水天宮は福岡県久留米市にある、久留米水天宮の分社。江戸時代より、安産・子授けの神として厚い信仰を集めています。ご祭神は、天之御中主神をはじめ、安徳天皇《あんとくてんのう》[※21]、建《けん》礼門院《れいもんいん》、二位《にい》の尼《あま》の4柱がお祀りされています。

data

東京都中央区日本橋蛎殻町2-4-1
参　／7:00～18:00

関東／神奈川

銭《ぜに》洗《あらい》弁《べん》財《ざい》天《てん》宇《う》賀《が》福《ふく》神《じん》社《じゃ》

おすすめタイプ ② ⑤

お金を洗ったら、感謝の気持ちを込めて使う

読んで字のごとく、境内の洞窟にある清水で「お金を洗うと増える」と伝えられています。ポイントは、洗ったお金は大事に使うこと。ご神気※11の乗ったエネルギーは使って回した方が、さらに高いものとなって戻ってきます。貯め込まず、エネルギーを回すように心得ましょう。

Check it!

お金を洗う洞窟

お金を洗う霊水「銭洗水《ぜにあらいみず》」は、鎌倉五名水の一つ。宇賀福神《うがふくじん》と弁財天《べんざいてん》が祀られている洞窟（奥宮）※5から湧き出ており、そこがいちばんのパワースポット。弁財天様の縁日である巳の日は、特に金運のご利益があるとされています。

神社'sGUIDE

平安末期、災害や貧困が続き、源頼朝が救済祈願したのが始まりといわれています。頼朝が巳の年、巳の月、巳の日に見た夢に従い、宇賀福神を祀ったとも。洞窟の入り口には宇賀福神、中のお社は銭洗弁財天を祀っています。

data

神奈川県鎌倉市佐助2-25-16
TEL／0467-25-1081
参　／8:00〜16:30

関東／神奈川

寒《さむ》川《かわ》神《じん》社《じゃ》

最強の「守護神的神社」

最強の厄除け&魔除け神社といえば、ここ寒川神社。ヒーラーという仕事柄、僕の場合は年に一度「禊・祓い」を目的に訪れ、祓い清めていただきます（お遍路や巡礼に向かう前にも、こちらで身を清め、旅の安全祈願をします）。この神社はレイライン※27上にあり、春分・秋分・夏至・冬至すべてのときに太陽が神社の上を通るといわれ、「太陽に対して祭事ができる清浄な場所」であり、非常に強いエネルギーの場でもあります。

6月30日（水無月大祓）と12月31日（師走大祓）の年2回行われる大規模な「大祓式」では、茅《ち》の輪を3回くぐり、穢れを祓います。当日参加が難しい方は人形に穢れをたくすことで、心身を祓い清めることができます。人間関係のトラブル（ネガティブな念を飛ばされる、腐れ縁など）に悩む方には、絶対的な守護神的神社となってくれることでしょう。

Check it!

年2回郵送される「大祓人形」

大祓式に当日参加できない方は、あらかじめ電話などで神社に申し込み「大祓人形」を郵送してもらいます。その人形に氏名、性別、住所などを記入し、神社に返送するとお祓いをしていただけます（後日、御札が送られてきます）。忙しい方でも大祓ができる神社なので、ぜひ一度体験してみてください。また、「八方除」「火難除」「盗難除」など、災いを除ける専門の珍しい御札も必見です。

Check it!

宮山神社《みややまじんじゃ》

寒川神社に訪れたらぜひ寄りたいのが、一の鳥居[※1]を出てすぐの末社[※18]「宮山神社」。小さなお社ながら、智恵の神さまと呼ばれる大物主神《おおものぬしのかみ》や所願成就の神さまである須佐之男神《すさのおのみこと》など、ご祭神[※10]が8柱[※21]あり、パワフルなエネルギーに満ちています。

神社'sGUIDE

「相模国（現在の神奈川県の大部分）の一之宮[※2]」とされ、約千六百年の歴史ある神社。源頼朝や武田信玄などの武将、民間の民と、幅広い信仰を受けてきました。古くより「八方除の守護神」として信仰されています。ご祭神は、寒川《さむかわ》比古命《ひこのみこと》と寒川比女命《さむかわひめのみこと》を祀り、総じて寒川大明神《さむかわだいみょうじん》と呼ばれ、相模国を中心に広く関東地方を開拓、衣食住など人の生活の根源を開発し指導した神さまとして敬われてきました。全国唯一の「方位除・八方除の守護神」として、地相・家相・方位・日柄・厄年などに由来する、すべての災難を取り除き、家業繁栄・福徳円満な日々をもたらします。

data

神奈川県高座郡寒川町宮山3916　TEL／0467-75-0004
参／8:00〜17:00

関東／神奈川

鶴《つるが》岡《おか》八《はち》幡《まん》宮《ぐう》

800年の歴史が物語る荘厳な社

鎌倉幕府滅亡後も、「武門の神」として信仰された鶴岡八幡宮※22。鎌倉幕府の宗社として、まさに「鎌倉エリアのボス」と呼ぶにふさわしい、クラシカルな雰囲気が漂っている神社です。

「国家鎮護の神」として、長年にわたり武家の精神のよりどころとなり、全国から崇敬されてきた表れかも。鎌倉を中心とし、鶴岡八幡宮への信仰を背景として受け継がれた質実剛健の気風は、その後「武士道」に代表される日本人の精神性の基調となったとも言われているほど。「自分のステージをもっと高めるために、精進したい」「ラクな方に流されないよう、後押しをいただきたい」という方には、特におすすめ。深い杜の緑と、鮮やかな御社殿の朱色が調和する境内で、まさに背筋がしゃんと伸びるような、武士道のご神徳※12を感じてはいかがでしょうか。

おすすめタイプ

10 6 4 8

Check it!

仕事・人生に再生をもたらす

ご祭神※10は、武運・勝負の神と言われる応神天皇《おうじんてんのう》、応神天皇の妃神の比《ひ》売神《めがみ》、応神天皇の母神の神功皇后《じんぐうこうごう》。家運隆昌のご利益があるといわれ、境内には仕事運や出世運などの勝運のほか、健康運、縁結びなどのお守りがある。源氏池近くの旗上弁財天社の中にある「政子石」は、家庭円満のご利益があるといわれている。また、源頼朝が北条政子の安産を祈願して造られた参道である「段葛」もある。

✔神社'sGUIDE

鎌倉市にある鶴岡八幡宮は、鎌倉初代将軍、源頼朝にゆかりが深く、鎌倉武士の守護神です。1063年、源氏の祖である源頼義によって建立されました。「前九年の役」と呼ばれる争いの際、頼義は石清水八幡宮（P141）に勝利祈願をし、由比ガ浜周辺に石清水八幡宮をお祀りしました。その後、鎌倉に幕府を開いた源頼朝によって、現在の場所に神社が移されます。これに伴い、鶴岡八幡宮は源氏の氏神として信奉されるようになり、「鎌倉武士の守護神」と呼ばれるようになりました。

Pick up!

鎌倉駅近くのわらび餅

僕はいつも、参拝の帰りに鎌倉駅近く「段葛こ寿々」でお気に入りのわらび餅を食べています。1996年創業のお蕎麦やさんで、今ではお蕎麦よりもわらび餅の方が有名になり、週末には行列ができるほど。お持ち帰りもありますが、おすすめは断然店内！　今までのわらび餅のイメージを覆すほどプルプル！　参拝の際には、ぜひ立ち寄ってみて下さい。

data

神奈川県鎌倉市雪ノ下2-1-31　TEL／0467-22-0315

参／6:30〜20:30

神さまmind

「ツイていないとき」こそ、「神さまはツイている！」

僕は神さまのパシリとしてヒーラーの仕事をしていて、セッションで多くのクライアントの話を聞いています。そこでよく、どうすれば神さまから好かれる人間になれるの？　と聞かれることがあります。

まずハッキリ申し上げますと、神さまって「ドS」です。僕たちは最初から、「ラクすることは許されていない」と考えたほうがよいでしょう。

基本、神さまはドSですから、大金持ちにも、才能豊かな人にも（その逆も然《しか》り）、すべての人間に大小様々な課題が降りかかるようになっています。そのときに、「逃げたい」と思うのか、「がんばって乗り越えよう」と思うのか。

当然、後者の「がんばろう」と向かい風に立ち向かっていく人こそ、神さまのご贔屓《ひいき》にあずかることができます。

しかし時々、「この世に神さまなんていない」とか「なぜ自分ばかりつらい目に遭うのか」と、人生を嘆く人がいます。

でもコレ、裏をかえせば、「めちゃめちゃ神さまから愛されている証拠」。「ツイてない」ととらえがちなときこそ、その逆で、実は「神さまがツイている」と考えましょう！

神さまcolumn

元旦から運気を上げる！「東京十社巡り」

明治天皇が明治元年、准勅祭《じゅんちょくさい》神社（お祭りに天皇の特使である勅使が派遣される神社）として神前に供物を捧げ、東京の平和を祈願されたお社のことを東京十社といいます。すべて巡ると、その道のりは約40km。十社とも、土地のパワーの強いところにある神社です。

近年、元旦に東京十社巡りをする人が増えてきています。もちろん僕もそのひとりで、元旦の早朝3時くらいに出発し、独自のルートで巡ります。もう10年ほど続けていて、ロスの少ないルートを研究しました！

そのルートとは、次の通り。王子神社→白山神社→根津神社（P73）→神田明神（P72）→亀戸天神社→富岡八幡宮（P75）→芝大神宮（P67）→品川神社→赤坂氷川神社（P74）→日枝神社（P80）。各神社、ご祭神[※10]のパワーも違えばご利益も違うので、十社コンプリートすることで、「1年間、いいことしかないだろう！」という達成感を味わうことができます。東京にお住まいの方、働いている方は、ぜひ一度トライしてみてはいかがでしょうか。

2

中部エリア

石川／長野／静岡／愛知／三重／

中部／石川

白《しら》山《やま》比《ひ》咩《め》神《じん》社《じゃ》

北陸最大クラスの縁結び神社

おすすめタイプ ⑦

通称「しらやまさん」として親しまれている白山比咩神社は、全国3千余社ある白山神社[※20]の総本宮[※18]。富士山、立山と共に日本三名山の一つ「白山」をご神体[※13]としていて、古くから山岳信仰の聖地として知られています。この白山の神さまはとんでもないくらい厳しく、山から降りてくるご神気[※11]も、背筋が伸びるようなパワー。ご祈願をすると、「あなたの人生の課題はこれ！」と、お達しがくるかもしれません。縁結びの神さまでもあるので、自分自身の縁だけでなく、人と人をつなぐ仕事している人、何かを調停する人、相談事を多く受けるような人は、一度訪れるべきでしょう。その他、家の中で夫婦ゲンカが絶えない、一度切れてしまった関係を戻したい、復縁したいという人にもおすすめ。おみくじの文章は、ほかの神社にはないほど叱咤《しった》されるのも印象的です。

Check it!

境内の木

推定樹齢千年といわれる大欅《けやき》、樹齢800年のご神木[※13]の杉の木（共に天然記念物に指定）など、境内には見事な巨木がたくさんあり、真っ直ぐに上に伸びるパワーに満ち溢れています。特に拝殿から向かって右側一帯の木は、ビリビリするようなエネルギーを感じました。人によっては、じんわりと温かく感じるかも。山岳系の神さまをお祀りする神社なので、厳しい波長を感じるかもしれません。ぜひ手をかざしてみて下さい。

Check it!

奥宮遥拝所[※5]

境内の本殿に向かって右側に奥宮遥拝所があります。

標高2702mの山頂にある奥宮にはさすがに気軽には行けないので、ここから拝むわけなのですが、山頂ではないものの、本殿とは違うピリリとした引き締まるエネルギーを感じられます。

✔神社'sGUIDE

起源は神話の時代にまでさかのぼるという、由緒ある神社です。社伝によると、崇神《すじん》天皇《てんのう》の時代に、本宮の北にある舟岡山《ふなおかやま》に神地を定めたのが創建と伝わっています。その後、「加賀国一の宮[※2]」として参拝が盛んになり、江戸時代には加賀百万石・前田家の祈願所ともなりました。

ご祭神[※10]の菊理媛神《くくりひめのかみ》は、伊弉諾《いざなぎの》尊《みこと》と伊弉冉尊《いざなみのみこと》の夫婦神を仲直りさせたことから、縁結びの神さまとして崇敬を集めています。奥宮は標高2702mの白山山頂に鎮座し、石川県の白山市白峰から別当《べっとう》出合《であい》登山《とざん》口《ぐち》まで行き、そこから登るルートが一般的です。

data

石川県白山市三宮町ニ105-1　TEL／076-272-0680

参／9:00〜16:00

金《きん》劔《けん》宮《ぐう》

中部／石川

おすすめタイプ 2 10

石川県の隠れた財運スポット

白山比咩神社（P92）の近くにある金劔宮は、知る人ぞ知る「日本三大金運神社」。境内には、本殿のほか、恵比寿社や金刀比羅《ことひら》社、乙劔宮《おとつるぎしゃ》などたくさんのお社があり、神社のデパート化しています。中でも財運パワーが強いのは、「乙劔社」。全国の会社経営者が参拝するといわれる隠れスポットです。

data

石川県白山市鶴来日詰町巳118-5
TEL／076-272-0131
参　／8:30～17:00

Check it!

招魂社《しょうこんしゃ》

数ある末社[※18]の中でも僕がいちばんパワーを感じたのは、境内の奥、少し離れた所にある招魂社です。地域の英霊をお祀りしていて、戦後に建立されました。金劔宮自体は北陸最古の神社で、その祈りの歴史・蓄積を感じる場所です。

神社'sGUIDE

白山七社の一つ。白山本宮、三宮、岩本宮と共に本宮四社とされ、古くから身命守護《しんめいしゅご》や生業繁栄《せいぎょうはんえい》の神として崇敬されている神社。紀元前95年に創建されたと伝わり、古くは「劔宮《つるぎのみや》」と呼ばれていました。

中部／長野

戸《と》隠《がくし》神《じん》社《じゃ》

おすすめタイプ 6 5 9

力技でピンチを切り抜けたいときに！

「天岩戸《あまのいわと》が飛来して、戸隠山になった」という伝説で知られる神社。「岩戸をこじ開けた力の強い神さまたち」をお祀りしていることから、人生の節目や転換期を迎え、何かを打開したいという人に向いています。ただし、背中を押される力は強力なので、参拝はその覚悟で。

Check it!

奥社[※5]と九《く》頭《ず》龍《りゅう》社《しゃ》

中社から奥社まで約4kmと距離があるものの、ぜひ参拝してほしいのが境内奥にある「奥社・九頭龍社」。ジブリアニメに出てくるような精霊がいそうな山を抜ける途中にある、杉並木の迫力は圧巻です。1月8日以降は閉山されるので要確認。

神社'sGUIDE

霊山・戸隠山のふもと、奥社・中社・宝光社・九頭龍社・火之御子社の五社からなる創建約2千年の神社です。ご祭神[※10]は神さま界で最も力が強い、天《あめの》手《た》力《ぢから》雄《おの》命《みこと》など。農業、水の神としての力を強めてきました。

data

長野県長野市戸隠3506
TEL／026-254-2001（中社社務所）
参 ／9:00～17:00

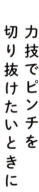

中部／静岡

富《ふ》士《じ》山《さん》本《ほん》宮《ぐう》浅《せん》間《げん》大《たい》社《しゃ》

おすすめタイプ
1 3 5 11

人を惹きつける力をくれる神社

古来より、富士山をご神体[※13]として崇められた神社。絶世の美女といわれた木花咲耶姫《このはなのさくやひめ》がご祭神[※10]で、対人関係で悩む人、人前や表舞台に立つ職業の人におすすめ。人を惹きつけるパワーを授かれる神社です。自分に自信があれば、人に対してやさしくなれる。そんな気持ちも生まれます。

data
静岡県富士宮市宮町1-1
TEL／0544-27-2002
開閉／季節によって異なる

Check it!

湧玉池《わくたまいけ》

東脇門を出た所にある湧玉池は、富士山の雪解け水が何層にもなった溶岩の間を通り湧出するもので、特別天然記念物に指定されています。「日本のへそ」ともいわれるパワースポットで、富士山からの「陽の気」を感じることができます。

神社'sGUIDE

富士山の噴火を鎮めたご神徳[※12]から人々の崇敬を集めた、全国に祀られた約1300社ある浅間神社の総本宮[※18]。源頼朝・武田信玄・徳川家康など、名だたる歴代武将の信仰が厚かったことでも有名です。

中部／静岡

秋《あき》葉《は》山《さん》本《ほん》宮《ぐう》秋《あき》葉《は》神《じん》社《じゃ》

おすすめタイプ 2 12 3

東海地方随一「工業系」の神さま

「火の幸」「商売繁盛・工業発展」の神さまを祀るお社。全国の秋葉神社の総本宮※18でもあり、秋葉原の電気街が発展したのは、この神社のパワーが源といってもいいでしょう。消防、海運関係をはじめ、電気産業に関わる方向きで、男性的でパワフルなエネルギーの強い神社です。

Check it!

天空の神殿

秋葉神社には上社と下社があり、下社は男性的で力強いパワーを感じますが、上社は標高866m地点にあるからか、澄んだ空気と神々しさを感じる、まさに天空の神殿です。本殿前にある黄金の鳥居は、幸福の鳥居といわれています。

神社'sGUIDE

「東海随一の霊山」と名高い秋葉山を崇めており、709年に本殿を創建。中世には「秋葉《あきば》大権現《だいごんげん》」と称し、著名な武将からも数多くの名刀が寄進されました。現在も重要文化財指定の名刀が多く奉納されています。

data

静岡県浜松市天竜区春野町領家841
TEL／053-985-0111（上社）、
053-985-0005（下社）
参／8:00〜16:00

中部／愛知

真《ま》清《すみ》田《だ》神《じん》社《じゃ》

おすすめタイプ

9 4 6 5

人生に迷ったとき、背中を押されたい人に

木曽川の水田地帯として「清く澄んだ水によってできた水田」という名前の由来通り、浄化パワーの強い神社です。天《あめの》火《ほ》明命《あかりのみこと》という導きの神さまがご祭神[※10]のため、悩んだときに自分の魂の根幹と向き合う力を授けてくれます。人生における課題を与えられる、スパルタ系の神さまです。

Check it!

神池

境内の厳島社近くにある「神池」という池の付近は、ビリビリとしたエネルギーを感じるスポットです。明治天皇のご膳水《ぜんすい》を汲んだ井戸として知られる「神水舎《しんすいしゃ》」のご神水[※13]に、お水取りにくる参拝者も多数います。

神社'sGUIDE

社伝によれば、創建は神武《じんむ》天皇33年。平安時代、人々の崇敬を集めました。鎌倉時代、順徳天皇《じゅんとくてんのう》が奉納した舞楽面は今も重要文化財として保存されています。本殿・渡殿は平成18年に国の登録有形文化財に指定。

data

愛知県一宮市真清田1丁目2番1号
TEL／0586-73-5196
参　／9:00～17:00

花《はな》の《の》窟《いわや》神《じん》社《じゃ》

おすすめタイプ
8
7
6

日本最古の神社として有名

日本書紀にも記されている日本最古の神社。ご神体は※13、高さ45ｍの岩窟で、「古代熊野の自然信仰の姿」を伝えているという意味においては、「神倉神社（P148）のゴトビキ岩」と、川を挟んで対になっているといわれています。子宝祈願のほか、人生の節目にテコ入れをしたい人に。

Check it!

ご神体の2つの岩

神殿がなく、熊野の海域に面した巨大な岩がご祭神※10・伊邪那美命《いざなみのみこと》のご神体。個人的にはその対面にある、息子・軻遇突智尊《かぐつちのみこと》の岩と呼ばれる岩の方が、エネルギーを強く感じます。人によって波長の相性は違うので、体感してみて下さい。

神社'sGUIDE

花の窟は、神々の母である伊邪那美命が火神《かじん》・軻遇突智尊を産み、焼かれて亡くなった後に葬られたご神体です。平成16年にこの花の窟神社を含む「紀伊山地の霊場と参詣道」が、世界遺産に登録されました。

data

三重県熊野市有馬町上地130
TEL／0597-89-0100（熊野市観光協会）
参　／24時間

中部／三重

神内神社《こうのうちじんじゃ》

精霊のパワーをダイレクトに感じる聖なる場所

おすすめタイプ
8 12

社殿はなく、巨石をご神体[※13]としている神社。古代の自然信仰の様が残る神社で、「紀宝町神内近石《きほうちょうこうのうちちかいし》」という住所も興味深く、個人的にとてもおすすめです。入口付近にある巨木と境内、ご神体の岩あたりは、かなり強いパワーのご神気[※11]が満ち溢れています。ご神体がすぐそこにあるので、ネイティブなエネルギーを直接感じることができるのが最大の特徴です。

　また、鳥居の近くの巨木は、石を巻き、抱え込むように自生。「子どもを抱いているような姿」に見えることから、別名「子安神社《こやすじんじゃ》」とも呼ばれています。安産祈願の神さまとして、社務所の壁面はたくさんの絵馬やよだれかけで覆い尽くされている光景から、遠方からの参拝者も多いことがうかがえます。

　幹や枝がうねっている立派な巨木が多く、自然の圧倒的な生命力を感じることができます。

ご神体の磐座※4

境内に社務所はありますが、宮司さんは常駐していません。付近の神社の宮司さんが通いでケアをされているとのこと。なので、参拝に訪れた際に宮司さんとお話できることがあれば、「神社に歓迎されている」といえるでしょう。パワースポットは、やはりご神体の磐座。古代の自然信仰を色濃く残す神社なので、ご神体のネイティブなパワーを身近に感じられます。ご祭神※10は、天照大《あまてらすのおお》神《かみ》、天忍穂耳《あめのおしほみみ》尊《みこと》、瓊々杵命《ににぎのみこと》など、「降臨系」の神さまがオールスターで鎮座されています。

鳥居を越えた所にあるご神木

鳥居を越えてすぐにあるホルトノキは、石を抱えた形になっています。自然石を我が子のように抱く姿から、このお社は子安神社と呼ばれるようになりました。

そのルーツの木はコブや隆起が目立った不思議なフォルムをしていて、映画やアニメの〝木の精霊〟が今にも出てきそうな風貌です。

神社's GUIDE

神内神社は、熊野酸性岩《くまのさんせいがん》の岸壁《がんぺき》をご神体として祀った原始宗教の名残です。神社の境内には、着生植物、シダ植物を含めて約300種の植物が繁茂しています。

樹叢《じゅそう》は昭和16年に三重県の天記然念物に指定されています。杉や檜、欅などが生い茂り、巨大な岩が厳かな雰囲気を漂わせています。社伝では、伊邪那岐命《いざなぎのみこと》と伊邪那美命《いざなみのみこと》が一女三男を産んだことから、産み出す神として崇め、村の名を「神皇地《こうのち》」とし、のちに神内村《こうのうちむら》と改められたとあります。現在も、子安の神、安産の神として、また豊漁の神としての信仰が厚いといわれています。

data

三重県南牟婁郡紀宝町神内近石958番地　TEL／0735-33-0334（三重県紀宝町役場）
参／24時間

東《ひがし》外《と》城《き》田《だ》神《じん》社《じゃ》

おすすめタイプ 7

小さくてもパワーが秘められた神社

本書の中で1～2位を争う、知る人ぞ知る神社。真っ白な鳥居が並ぶ光景に誘われ境内に入ると、重要な神さまが21柱※21も祀られており、特に拝殿には強いエネルギーを感じます。境内の端にある縁結びの神さまも、強いパワーがあります。お伊勢参りに訪れたら、ぜひ足を運んで下さい。

data
三重県度会郡玉城蚊野2218番地2
TEL／0596-58-4153

Check it!

縁結びの祠《ほこら》

境内にある縁結びの祠。拝殿に向かって左奥に、小さな金属製の鳥居がたくさん奉納されています。伊勢の神社は国土平安や五穀豊穣など〝全体的〟なことを司る神さまが多いですが、ここには〝恋愛・結婚〟の結びを司る神さまがいらっしゃいます。

神社'sGUIDE

ご祭神※10は天忍穂耳命《あめのおしほみみのみこと》はじめ、金山毘売神《かなやまびめのかみ》や菅原道真公《すがわらのみちざねこう》ほか21柱。

創建した明治40年から、20年ごとに遷座（建直しの神事）しています。平成23年にも第6回式年遷座が執り行われています。

八《や》柱《はしら》神《じん》社《じゃ》

おすすめタイプ 4

神話の時代から続く、厳格なパワー

熊野古道で出会った神社の一つで、その孤高な佇まいに誘われました。知る人ぞ知る神社ではあるものの、「国造り」「土地を治める」などの厳格なパワーをビリビリ感じました。ご祭神[※10]は天忍《あめのおし》穂《ほ》耳命《みみのみこと》など。強いエネルギーがあり、一部のスピリチュアリストの隠れた参拝スポットです。

Check it!

凛とした風格ある神社

境内に余計な装飾は一切施されておらず、原始の姿そのままを伝えている神社。杉が生い茂る参道を歩いてお社まで行くと、その凛とした佇まいに思わず姿勢を正してしまうほど。静かな所なので、じっくりご神気[※11]を感じるのに最適です。

✔神社'sGUIDE

明治39年に三重県にある川添神社に合祀され、現在は遙拝所となっている粟生八柱神社。

昭和27年に地域の要望により旧所在地に分祀されたが、ご神体[※13]は本社である川添神社に祀られています。

data

三重県多気郡大台町粟生715
参 ／24時間

中部／三重

伊《い》勢《せ》神《じん》宮《ぐう》／外《げ》宮《ぐう》

日本人なら一度は参りたい

おすすめタイプ
② ④

伊勢神宮の外宮は、衣食住をはじめ、産業の守り神・豊受大御神《とようけのおおみかみ》をお祀りしていることから、正式には豊受大神宮《とようけだいじんぐう》と呼びます。豊受大御神は内宮のご祭神※10・天照大御神《あまてらすおおみかみ》のお食事を司る神さまでもあり、外宮では神さまに食事を捧げる祭りが1500年の間、毎日欠かさずに行われています。飲食関係、農業、漁業関係などの職業の方にも、外宮はおすすめです。そして、僕が個人的に好きなのは実は外宮。伊勢神宮参拝の際は、「いつも外宮から」を定番コースとしています。

個人の願いはもちろん、会社や国などの大きなことをお祈りするのがおすすめです。雄大な歴史を感じたり、広い視点で見てみるのがよいでしょう。

Check it!

多賀宮

いちばんのおすすめは、外宮の高台にある多賀宮。豊受大御神《とようけのおおみかみ》の荒御魂《あらみたま》をお祀りしています。荒御魂というぐらいですから、厳格な雰囲気が漂います。

小高い丘の上に鎮座されていて、石段を上がって参拝することになるので、風宮、土宮、外宮正宮よりも若干体力がいりますが、ぜひ足をのばしてお参りしたい、重要な別宮だと思います。

Check it!

風宮周辺の池付近

風雨を司る神を祀っている風宮へ向かう周辺には、太い杉の木があります。気持ちのいい空気に包まれ、清らかな心になれる場所です。

神宮参拝の際には、広い境内をまわって神聖な空気を浴びてみるのもおすすめです。

伊《い》勢《せ》神《じん》宮《ぐう》／内《ない》宮《ぐう》

宇治橋を渡れば そこは神域

およそ2千年前、垂仁天皇《すいにんてんのう》の御代から五十鈴川《いすずがわ》のほとりに鎮座する内宮は、皇室の御祖先の天照大御神《あまてらすおおみかみ》をお祀りし、正式には皇大神宮《こうたいじんぐう》と呼びます。内宮の入口である宇治橋を渡り、長い参道を進むと、そこは神域。参拝者が多いので、訪れるのであればぜひ早朝に。参拝は午前5時から可能で、夏なら日の出前後がベスト。前泊をするなど、余裕を持ったスケジュールを立てましょう。

僕が結婚報告のお礼参りに行ったときは大雨になり、境内は一時人気《ひとけ》のない場所に。雨ではありましたが、とても崇高な体験をしました。20年に一度の式年遷宮で、神さまの社殿が新しくなります。タイミングがあえばぜひ新しいお宮をお参りしましょう。

Check it!

五十鈴川

内宮への入口に流れる、俗界と神域を隔てる五十鈴川。常に川が澄んでおり、水底が透き通るように見えます。

参道の右手へ進むと、石畳を敷き詰めた御手洗場があります。ここの川の流れは穏やかで、清らかさの象徴とも言われるほど。

手水舎と同じようにお清めをすることができるので、参拝の前に手と心を清めるようにしましょう。

Pick up!

おかげ横丁

内宮の玄関口、大鳥居の付近まで続く参道「おはらい町」の中ほどにある「おかげ横丁」。江戸当時のお店を再現したという街道には、伊勢志摩の名産品やお土産が揃い、お伊勢参りの際に一度は立ち寄るスポットになっています。伊勢名物・赤福や手こね寿司をいただいて参拝の疲れを癒やすのが、僕の王道パターンです。

伊勢神宮のもう一つの見どころ①

瀧《たき》原《はらの》宮《みや》

瀧原宮は、伊勢神宮（P106）の天照大御神の御魂をお祀りしている所。神域内は伊勢神宮の内宮に似ています。大勢の参拝者がいる内宮と比べると、人が少ないので、神聖な空気を満喫することができます。

神域内の樹齢数百年を超える杉の木立に囲まれた参道は、世俗を離れた野性味あふれる空気。谷水の源流を利用した御手洗場の水も神聖で、心身を清めることができます。

伊勢神宮のもう一つの見どころ②

伊《い》雑《ざわの》宮《みや》

古くから、地元の人々によって海の幸、山の幸の豊穣が祈られてきました。毎年6月24日に行われる御《お》田植式《たうえしき》は雅びな神事で、「磯部《いそべ》の御神田《おみた》」の名で国の重要無形民俗文化財に指定され、日本三大田植祭の一つとされます。

瀧原宮と同様に、伊勢神宮の天照大御神《あまてらすおおみかみ》の御魂をお祀りしている伊雑宮は、125社の中でもとりわけ厳かな空気を感じる神社です。

data

三重県伊勢市宇治館町1　TEL／0596-24-1111　参／5:00～17:00（10～12月）、5:00～18:00（1～4月、9月）、5:00～19:00（5～8月）

伊勢神宮のもう一つの見どころ③

月《つき》読《よみの》宮《みや》

ご祭神[*10]は、月読尊《つきよみのみこと》。「月を読む」という読み名のとおり、月の満ち欠けを教え、暦を司る神であることを意味します。「太陽」にもたとえられる天照大御神を昼の神さまとするならば、こちらは夜の神さま。4柱[※21]の神を祀るお社がありますが、月読宮《つきよみのみや》→月《つき》読荒御魂宮《よみあらみたまのみや》→伊佐奈岐宮《いざなぎのみや》→伊佐奈弥宮《いざなみのみや》の別宮《べつぐう》[*32]の順にお参りされるのがいいでしょう。

✔神社'sGUIDE

「お伊勢さん」「大神宮さん」と親しく呼ばれる伊勢神宮は、正式には「神宮」といいます。神宮には、天照大御神を祀る内宮（皇大神宮《こうたいじんぐう》）と、豊受大御神を祀る外宮（豊受大神宮《とようけだいじんぐう》）をはじめ、14所の別宮、43所の摂社[*18]、24所の末社[*18]、42所の所管社があります。これら125の宮社すべてを含めて神宮といいます。

国の守り神であり、皇室ご先祖である天照大御神をお祀りする神社なので、「国家安泰」のご神徳[*12]があります。なので、個人的な「欲」を祈願するよりも、日々を無事に過ごしている感謝を伝えたり、日本のルーツを辿るようなご参拝がよいでしょう。事業を起こして経営者になった、結婚して家庭を持ったなど、重要な責任を任された方など、人生の節目にお参りされるのもおすすめです。

ご縁ができると、「知り合いのつきそいで」「偶然、近くに行く用事ができた」など、お伊勢さんに呼ばれる人も。とても社格の高い神社ですから、参拝の際、サンダルはNG。基本どの神社でもそうですが、神さまに対して失礼のない服装を心がけて下さい。

神さまmind

賽銭箱は、神さま銀行のATMと考える

すべての人が「いいことをしたら、いいことが返ってくる」という気持ちになれば、この世界はもっとよくなるはずです。「自分は少しくらい損をしても、周りにいいことをする」というマインドの人が少しでも増えれば、世の中の全体性がどれだけ上がることか。しかし残念ながら、そんな人はまだまだ少なくて、そのため神さまは、「なんとかしないと地球が大変なことになる」ということで、僕のような〝上〟のパシリを使って、様々な広報活動を行っているようです。

例えば、電車の中で席を譲るにしても、次の駅で降りるくらいのさりげなさで席を立つようなスマートさがほしいもの。「自分がいいことをして気持ちがいい」というエゴからではなく、さりげなく他者を気遣う気持ちこそ、神さまから花マルを

もらえる「譲り合いの精神」です。

そして、そんな「さりげない善行」を目指すなら、神社のお賽銭箱が最大最強のツールになります。人間界では、人にお金を渡したら、「お返ししなきゃ」とか、「下心があるのかも」など、様々な心の動きが発生します。でも、神さまへのお参りでお賽銭箱に入れるお金は、まったくの「一方通行」。見返りもない分、お賽銭を入れるごとに、勝手に「隠徳貯金」という名の残高が溜まっていきます。

「陰徳」とは、「人に知られないようにひそかにする善行」「隠れたよい行い」という意味。「陰徳あれば必ず陽報あり」という諺《ことわざ》もあるように、いざというとき、陰徳貯金を貯めていた分、神さまから有形無形のご褒美や援助を受けることができるのです。

僕の場合は、お賽銭箱のことを「神さまのＡＴＭ」と勝手に名付けていて、「宇宙銀行に入金！」という気持ちでお納めしています。

神さまcolumn

参拝は朝がベスト

「ご利益にあやかりたい」という思いで神社にお参りするのであれば、いくつか気をつけるべきポイントがあります。中でもいちばん大切なのは、朝のうちに参拝に行くこと。遅くても15時くらいまでには参拝を終わらせるようなスケジュールを組みましょう。

時間帯によってどのくらい違うのか、実際に朝・昼・夕と訪れてみたのですが、やはり夕方近くなると、朝の背筋が伸びるような気は感じられませんでした。朝は光のパワーも強く、宮司さんが上げる祝詞で邪気も抑えられていますが、古くから夕方は「逢魔《おうま》が刻《とき》」と呼ばれ、魔物などの妖しいものに遭遇する不吉な時間帯といわれています。

また、地域の一の宮[※2]や本宮系の総本社[※18]など、由緒ある社格の高い神社に参拝に行く場合は、時間帯はもちろん、短パン・サンダルなどの服装は避けること。レストランでいえば、三つ星クラスと同じですから、神頼みでも本気度が問われると思っていいでしょう。

3

東北
エリア

秋田／宮城／山形／

東北／秋田

太《たい》平《へい》山《ざん》三《み》吉《よし》神《じん》社《じゃ》

おすすめタイプ
8
4
12

心を安定させてくれる神さま

秋田県中央部にある「太平山」の山頂に奥宮、[※5]秋田市内に里宮があり、奥宮はハードルも高いので、里宮の参拝でも。「弱きを助け、邪悪なものをくじく」という秋田生まれのご祭神[※10]・三吉霊神《みよしのおおかみ》は、心を穏やかにしてくれるパワーが。事業安定、家内安全など、精神安定系の神さまです。

data
秋田県秋田市広面字赤沼3の2
TEL／018-834-3443
参 ／8:30〜17:00

Check it!

奥宮参拝

6月初旬〜9月中は、山頂の奥宮への参拝が可能。藤原鶴寿丸三吉が山にこもり、神通力を身につけたともいわれています。

本気の心願成就を果たすなら、夏の間に奥宮参拝にトライしてみてもいいかもしれません。

✔神社's GUIDE

「みよしさん」の愛称で親しまれる、全国各地、またブラジルにある三吉神社と太平山講の総本宮。[※18]「太平山信仰」と、力の神・勝負の神を崇める「三吉信仰」から、勝利成功・事業繁栄の守護神として崇敬を集めています。

東北／宮城

塩竈神社《しおがまじんじゃ》

おすすめタイプ
9
4
10

松島観光に行くならぜひ訪れたい

境内に入り正面に向かって左が武甕槌神《たけみかづちのかみ》、右側に経津主神《ふつぬしのかみ》と、同じ武神の神さまをご祭神※10としていて、国家の安定と家内安全を司ります。

別宮（お守り授与所の右側）には海の導きの神・塩《しお》土老翁神《つちのおじのかみ》をお祀りしていて、ゆったりとしたご神気※11を感じます。

data
宮城県塩竈市一森山1-1
TEL／022-367-1611
参／5:00～20:00

Check it!

御神塩《ごしんえん》

社名のとおり、塩の作り方を教えた神さま・塩土老翁神をお祀りする総本山※18。料理にも使える「延命長寿守」のほか、お浄めや盛り塩に仕える神塩も。「御出幣式」という例祭の際には、「清め砂」を授与することができます。

神社's GUIDE

地元の人々から「しおがまさま」と称され、古くから東北を護る神さま。海上安全・大漁満足・武運長久《ぶうんちょうきゅう》・国家安泰・安産守護・延命長寿、交通安全、必勝成功とたくさんのご利益があり、広く信仰を集めています。

東北／宮城

大崎八幡宮《おおさきはちまんぐう》

おすすめタイプ

⑩
①

ここいちばん「勝負にこだわりたい！」ときに

伊達政宗によって創建された、仙台の守り神。厄除け・除災招福《じょさいしょうふく》の神ですが、どちらかというと「勝負」の波長を強く感じます。勝ち負けにこだわる人におすすめ。「ベガルタ仙台」「楽天イーグルス」との共同制作による「勝守り」など、お守りも充実。摂社[※18]の一つ、龍神社もおすすめです。

Check it!

伊達公の作った仙台の結界

仙台市の大崎八幡宮[※22]、青葉神社、榴岡天満宮[※19]、愛宕神社、護国神社を結ぶと、六角の星形が浮かび上がります。伊達の殿様が治める仙台藩の領地に対する結界が張られているとされ、仙台の土地の安定と守護を司っているとされます。

神社'sGUIDE

ご祭神[※10]は応神天皇《おうじんてんのう》など。十二支の神を信仰する仙台の風習から「乾《いぬい》（戌亥）の守護神」とも言われ、戌年《いぬどし》・亥《いのしし》年《どし》生まれの人々から崇拝されています。現存する最古の権《ごん》現造《げんづくり》の建造物で、国宝に指定されています。

data

宮城県仙台市青葉区八幡4丁目6-1
TEL／022-234-3606
参 ／9:00~16:00

東北／山形

出《で》羽《わ》三《さん》山《ざん》神《じん》社《じゃ》

おすすめタイプ 12

「人生を劇的に変えたい」転機のときに

出羽三山は、「月山《がっさん》」「羽黒山《はぐろさん》」「湯殿山《ゆどのさん》」の総称で、現在・過去・未来を表すといわれています。山岳修行の山で、出羽三山自体がパワースポット。天地すべての力を吸収できる神社で、「根本から魂を浄化したい」「一からやり直したい」人は、生まれ変わるきっかけがもらえるはず。

data

山形県鶴岡市羽黒町手向字手向7
TEL／0235-62-2355
参　／8:30〜16:30

Check it!

三神合祭殿《さんじんごうさいでん》

出羽三山それぞれの神さまを合祀する社殿。天・間・地（天界、大地、そしてその間をつなぐ人間界、俗界）を司る神を一度にお参りすることができます。正面中央に月読命《つくよみのみこと》、右に稲倉《うかの》魂命《みたまのみこと》、左に大山祇命《おおやまつみのみこと》、大己貴命《おおなむちのみこと》、少彦名命《すくなびこなのみこと》が祀られています。

神社's GUIDE

推古天皇《すいこてんのう》の時代（593年）に蜂子皇子《はちこのおうじ》によって開かれたと伝えられています。中世以降、修験道の一大霊場として栄えました。夏季以外の登拝は困難で、3つの神社の例祭は、羽黒山上の三神合祭殿で行われます。

神さまmind

神さまが用意する課題

どんな人にもすべて、〝宿命〟という人生の課題が与えられています。ただ多くの人が自らの宿命エリアから外れ、生きづらい人生にしてしまっているとも。なので、人々は神さまに自分の人生を問うのでしょう。

そして「自分の宿命なんて簡単に見つからない」と思う方が大半ではないでしょうか。なぜなら、人が宿命に辿り着くためには、人生の局面において様々なハードル（＝課題）をクリアしていかなくてはならないからです。

例えば、ある人の宿命が「トップとして生きる」だったとしましょう。極端な話、マフィアのボスだろうが、内閣総理大臣だろうが、「トップ」という立場に変わりはありません。職業はどうあれ、「トップとしての責任を背負う」という宿命

エリアに辿り着くことさえできれば、そのエリアで活躍し、成功を収めることができるわけです。

ところが実際は、肝心の宿命エリアに到達する前に、越えなければならない課題から逃げてしまう人が非常に多いのです！「自分はそんな器ではない」とか、「二番手でラクしたい」とか。こうした理由で、宿命エリアへの道筋からずれてしまうと、本来の「自分軸」にブレが生じて、適材適所で活躍することが叶わなくなります。つまり、恋愛や結婚、仕事、子育て……など、人生の重要トピックにおいて、ご縁や報酬を手に入れることができなくなってしまうのです。

神さまは、人生＝「魂の修行」といわれています。どんな人にも、乗り越えるべき「課題」が人生の節目節目に用意されています。ですから、宿命を考える以前に、まずは自分に用意された課題は何か、それを見極めることが大切になります。あるときは、友達や恋人など、人の口を使って、またあるときはメディアを通じてなど、実にいろいろな方法で、神さまはあなたにサインを出し、課題を教えてくれています。

神さまcolumn

御朱印について

神社ブームの昨今、スタンプラリーのように御朱印を集めることに対しては、賛否両論あるようです。しかし、御朱印をいただくことによって高額ではなくともお金のエネルギーがまわり、それで神社が少しでも潤い、いい気を整えるパワーにつながるのであればよいと思う、というのが僕の考えです。

御朱印は「参拝しました」「守護をいただきました」という証。書く方の思いが、エネルギーとして籠もっているものでもあります。神社によって文字やスタイルも違うので、一つのアートとしても楽しめます。

また、御朱印が溜まっていくと、御朱印帳自体が波動の高い「パワーアイテム」に。1枚1枚、自分の足で獲得していくことでお守り効果も高くなります。なので、御朱印帳は分厚いものを選ぶのがおすすめです。

僕もお遍路や巡礼に行く度、神社の御朱印が溜まるのですが、いただいてから時間がたっていても、手をかざすとビリビリするパワーを感じます。

4

関西エリア

滋賀／京都／大阪／和歌山／奈良／

関西／滋賀

日《ひ》吉《よし》大《たい》社《しゃ》

京都の鬼門[※7]を守る強力な守護神社

おすすめタイプ
④ ⑫

平安京の表鬼門に鎮座し、方位除け・厄除けの大社として知られています。京の都を守護する、最大級パワーの守りの神社といえるでしょう。

人生の障害物を取り除きたい人、または呪いや恨みなどの念的な攻撃を祓い、対人関係だけではなく、自分自身がとらわれている固定概念をとき放ってくれるなど、推進力を高めてくれるパワーがあります。

方位除けのスペシャリストでもあるので、家の新築や改築、引越しや旅行の予定がある人は、ご祈願でご祈祷を受けるか、厄除け専用のお札やお守りをお受けするのがおすすめです。山王鳥居からみると、東に伊勢をはじめとする東日本の神さま、西に宇佐などの西日本の神さまを拝むことができます。比叡山の裾野にあるので、延暦寺の参拝とセットでお参りしてもいいかもしれません。写真は日吉大社西本宮のようすです。

Check it!

お猿さんのお守り

境内の神猿舎《まさるしゃ》でお猿さんが飼育されているほど、眷属である〝猿〟推しの日吉大社。神さまのお使いの眷属神[※8]である「神猿」は、「魔が去る」「勝る」という意味があり、魔除けの象徴として、縁起のよいお猿さんといわれています。

おみくじやお守りにも、猿をモチーフにしたものがたくさん見受けられます。中年の人や猿グッズを集めている人は、必見かもしれません。神猿みくじは茶色が300円、金色が500円で授与できます。

Check it!

金大巌《こがねのおおいわ》

境内にはたくさんの摂社[※18]や末社[※18]がありますが、牛尾宮と三宮の間に位置する金大巌が、日吉大社のパワーの根源ともいえる場所。20～30分ほどの登りを経て到達するここには、お社と高さ10mほどの巨大岩があります。ご神体[※13]のこの岩とお社は、東本宮、西本宮とはまた違ったパワーを放っているので、行ってみる価値があります。写真は八王子山山下から撮影したものです。

✔神社'sGUIDE

比叡山のふもとに鎮座する日吉大社は、約2100年前に創建。全国3800余の日吉・日枝・山王神社の総本宮[※18]です。平安京の表鬼門（北東）にあたることから、都の魔除・災難除を祈るお社として多くの人々から崇敬を受け、今日に至っています。日吉大社には約40のお社があり、すべての神さまを総称して「日吉大神」と呼びます。多くのお社の中心となるのが東西本宮をはじめとする「山王七社」で、大己貴神《おおなむちのかみ》や大山咋神《おおやまいくのかみ》など、7柱[※21]が祀られています。また、境内には3000本の紅葉があり、関西屈指の紅葉の名所としても有名。見頃は毎年、11月中旬～12月上旬頃です。

data

滋賀県大津市坂本5-1-1　TEL／077-578-0009
参／9:00～16:30

関西／京都

上《かみ》賀《が》茂《も》神《じん》社《じゃ》

おすすめタイプ
12
3

雷を除け、電気産業を守護する

正式名称は、賀茂別雷神社《かもわけいかづちじんじゃ》。「雷除け」という、珍しいご神気※11の神社です。上賀茂神社から北に約2km先にある「神山《こうやま》」からくる浄化パワーがそのエネルギーソースで、厄除け・災難除けが得意。また、電気産業の守護でもあるので、電気にまつわる職業の人は、ぜひ一度ご参拝を。

Check it!

ならの小川

境内を流れる川からも、エネルギーを感じます。水は電解質なので、ビリビリするパワーを通す霊的な力があります。ご神水※13などの水がある所には、よいエネルギーが転写されやすいのかもしれません。

✔神社'sGUIDE

二の鳥居を入ると目に入る、円錐形に整えられた「立《たて》砂《ずな》」は、ご神体山※16「神山」を模して作られたもの。賀茂別雷大神《かもわけいかづちのおおかみ》を祀り、京都三大祭の一つである葵祭《あおいまつり》は、年に一度の大祭です。

data

京都府京都市北区上賀茂本山339
TEL／075-781-0011
参　／5:30～17:00

伏《ふし》見《み》稲《いな》荷《り》大《たい》社《しゃ》

おすすめタイプ
6
8
10
4

商売繁昌ならここ！ お稲荷さん※3の総本宮※18

全国に約3万社ある稲荷神社の総本宮。「稲荷信仰」の原点を稲荷山としているので、できれば本殿だけでなく、山頂の一の峰まで足を伸ばしてみて下さい。古くから京都の豪商、商売人たちの崇敬を集めているだけに、最強の「商売繁昌」・「五穀豊穣」の守護を感じます。

Check it!

千《せん》本《ぼん》鳥居《とりい》

伏見稲荷大社といえば、朱色の千本鳥居。くぐるごとに、ビリビリするパワーが増したり、その種類が変わるなど、波長が七変化！ 鳥居はリアルに神さまゲートになっているので、どのあたりが心地よいか試してみて下さい。

神社'sGUIDE

ご祭神※10の稲荷大神《いなりおおかみ》が稲荷山に鎮座したのは奈良時代。平成23年には、御鎮座1300年を迎えました。重要文化財に指定されている本殿には、宇迦之御魂大神《うかのみたまのおおかみ》を主祭神※14として5柱※21が祀られています。

data

京都府京都市伏見区深草薮之内町68番地
TEL／075-641-7331
参 ／8:30～16:30（ご祈祷）
7:00～18:00頃（授与所）

北野天満宮《きたのてんまんぐう》

おすすめタイプ
9
3
10

コツコツ積み上げた努力を後押しするパワー

菅原道真公《すがわらのみちざね》をご祭神[※10]とする、全国の天満宮、天神社[※19]の総本社[※18]。学問・受験の神として信仰が厚く、あらゆる文化の礎を築いた神であり、「粘りと根性、諦めない力」に光を当てて下さるパワーを感じます。受験でも仕事でも、コツコツと努力を続けてきた、勤勉な人と相性のいい神社です。

data
京都府京都市上京区馬喰町
TEL／075-461-0005
参 ／5：00〜18：00(4月〜9月)、
5：30〜17：30(10月〜3月)

Check it!

地主社

地主社は境内で最も古いお社で、道真公がお祀りされる前から鎮座し、天地のすべての神をお祀りしています。

地主社を含む摂社[※18]・末社[※18]エリアは、境内でもパワーが満ちている場所です。

神社'sGUIDE

学問の神として知られる北野天満宮は、毎年多くの受験生が参拝に訪れ、天神信仰発祥のお社として崇められています。毎月25日に「天神さん」という市が、2月25日は梅花祭というお祭りが行われます。

関西／京都

松《まつ》尾《お》大《たい》社《しゃ》

おすすめタイプ 6 2

延命長寿に効く霊泉《れいせん》「亀《かめ》の井《い》」

ご祭神※10が水の神・市杵島姫命《いちきしまひめのみこと》であることから、「酒造の神さま」で知られる松尾大社。ご神水※13が湧き出る霊泉「亀の井」の水をお酒に加えると腐らないともいわれています。近隣からお水取りに訪れる人も多数。延命長寿、復活再生を意味する水のパワーにあやかりたい人はぜひご参拝を。

Check it!

幸運の撫で亀

「お伊勢さんの鶏」「お稲荷※3さんの狐」「天神※19さんの牛」など、ご祭神と関わりの深い動物を「神のお使い（眷属神※8）」として大切にしています。松尾大社では亀は不老長寿の守護とされ、本殿正面門に「幸運の撫で亀」があります。

✓神社's GUIDE

飛鳥時代に渡来人秦氏が松《まつ》尾山《おさん》頂上の磐座※4を勧請※6し、社殿を建立したのがはじまり。京都市の西部、松尾山のふもとにあり、広大な境内を持ちます。本殿は珍しい両流造《りょうながれづくり》で、国の重要文化財に指定されています。

data

京都府京都市西京区嵐山宮町3
TEL／075-871-5016
参　／9:00〜16:00（平日、土曜）、
　　9:00〜16:30（日曜、祝日）

籠神社《このじんじゃ》

関西／京都

おすすめタイプ
10 1 2 11

通称「元伊勢」＆丹後の一の宮※2

ご祭神※10は、彦火明命《ひこほあかりのみこと》。「元伊勢」とも呼ばれ、天照大神《あまてらすおおかみ》・豊受大神《とようけのおおかみ》が現在の伊勢神宮（P104）に御鎮座されるまで祀られた歴史ある神社です。本殿は、伊勢神宮と同じ神明造で、高欄上には伊勢神宮と籠神社にしか許されていない五色の座玉《すえたま》が拝されています。

Check it!

たくさんの縁を結べる

神門を越えて境内に入ったあたりから、強いパワーを感じます。境内に向かって左側に天照大御神《あまてらすおおみかみ》、春日《かすが》大神《おおかみ》など、スケールの大きな神さまばかりが祀られています。1社のお参りで、たくさんの神さまとご縁を結べる神社です。

✔神社'sGUIDE

日本三景の一つ、京都の天橋立の北浜にある籠神社は、日本最古で国宝の「系図」が出てきた神社としても有名。神門前の一対の狛犬は、石造りとして日本一の名作。鎌倉時代作で、重要文化財に指定されています。

data

京都府宮津市字大垣430
TEL／0772-27-0006
参 ／8:00〜17:00

出雲《いずも》大《だい》神《じん》宮《ぐう》

おすすめタイプ
7 10 4

「京都の定番」では物足りない人に

京都・亀岡駅の北5kmほどの千歳山のふもとに鎮座する出雲大神宮は、「元出雲」とも呼ばれます。千歳山の中心「御蔭山《みかげやま》」を神体山※16とされ、本殿のご祭神※10に大国主命《おおくにぬしのみこと》と三穂津姫命《みほつひめのみこと》の2柱※21を祀り、縁結びの神として有名。京都市街地からの参拝は、JRや高速道路が便利です。

data
京都府亀岡市千歳町出雲無番地
TEL／0771-24-7799
参 ／9:00〜17:00

Check it!

真名井《まない》の湧き水「神水」

境内には「真名井の水」と呼ばれる湧き水があります。日本水質保健研究所によれば、古生代《こせいだい》の石灰岩層をつたい、火山噴火でできたマグマの接触変成岩層《せっしょくへんせいがんそう》から湧き出ていて、ミネラルがバランスよく含まれている水だと実証されています。

✔神社'sGUIDE

京都府亀岡市の北東部に位置し、大国主命と三穂津姫命の2柱を合わせて出雲大神《いずものおおかみ》、出雲大神宮、出雲神社と呼ばれました。江戸時代末までは、「出雲の神」といえば出雲大神宮を指していたとされます。

真《ま》名《な》井《い》神《じん》社《じゃ》

関西／京都

おすすめタイプ

12
8
4

ご神水[※13]と磐座[※4]のただならぬパワー

前述の籠神社（P128）の奥宮[※5]の真名井神社は、ひっそりと佇む厳粛な雰囲気漂うお社。境内にはご神水の「天の真名井の水」が湧き出ており（「真名井」は水に付けられる最高の敬称）、そのパワーは最強。訪れた後、人生の課題を授かる人も多いので、心して参拝して下さい。

Check it!

本殿裏の「磐座」

ご祭神[※10]・豊受大神《とようけのおおかみ》の使いが龍であることから、狛龍がいます。本殿裏にある磐座は、天照大御神《あまてらすおおみかみ》・豊受大《とようけのおお》御神《みかみ》・伊邪那岐命《いざなぎのみこと》・伊邪那美命《いざなみのみこと》が最初に降臨したとされている場所。磐座を囲むご神木[※13]も含め、ただならぬオーラです。

神社'sGUIDE

元伊勢とも呼ばれる真名井神社。食を司る豊受大神を主祭神[※14]とし、天照大御神・伊邪那岐命・伊邪那美命など、多くの神さまが祀られています。豊受大神は古代、稲作農耕の祖神ともいわれていました。

data

京都府宮津市字大垣小字諸国86
TEL／0772-27-0006（籠神社社務所）
参　／24時間

八《や》坂《さか》神《じん》社《じゃ》

おすすめタイプ
4 6 2 5

京都市街のコアスポット

まさに京都のど真ん中に位置する八坂神社は、祇園祭が行われる7月の参拝がおすすめ。最も神社のパワーを感じることができる時期です。僕は祇園祭の「山鉾巡行《やまほこじゅんこう》」の行事のときに参拝しています。お稚児さんや山鉾を間近で観て、京都と古代のつながりを感じる、貴重な体験ができます。

data

京都府京都市東山区祇園町北側625
TEL／075-561-6155
参　／24時間

Check it!

多くの神さまを祀る

八坂神社にはご祭神[※10]の素戔嗚尊《すさのおのみこと》をはじめ、櫛稲田姫命《くしいなだひめのみこと》、八柱御子神《やはしらのみこがみ》ほか、全13柱[※21]お祀りされています。境内には多くのお社があり、ずらりと並んでいるので、本殿だけの参拝ではもったいない！　ぜひ、境内の中をいろいろ回ってみて下さい。

神社'sGUIDE

全国にある八坂神社、素戔嗚尊をご祭神とする関連神社の総本社[※18]。「祇園さん」の名称でも親しまれています。平安時代から地域一帯を守る神として、また現在は祇園祭の主催として、多くの人に愛されています。

関西／京都

貴《き》船《ふね》神《じん》社《じゃ》

「癒やし系」グループの守護神社

おすすめタイプ
6 7 8

京都を語るうえでは欠かせない神社です。ご祭神[※10]は伊《い》邪《ざ》那《な》岐《ぎ》命《のみこと》の御《み》子《こ》神《がみ》・高龗神《たかおかみのかみ》で、古くより雨を司る「水」の神さま。貴船神社のある貴船山は京の都の水源でもあり、本宮社殿前の石垣からは、この聖なる山の湧き水が溢れ出ています。

古くから「氣生根」と書いて「きふね」と読まれていたとのこと。大地のエネルギーである「氣」が生じる根源の場所であることから、「運《うん》氣《き》隆《りゅう》昌《しょう》」の開運のご神徳[※12]が得られるといわれています。食関係の仕事をしている方、縁結びにあやかりたい方には特におすすめ。僕のクライアントにも、ここに参拝に訪れ、結婚などのご縁に恵まれた方がいます。春日灯籠が連なる石段の参道は、幻想的な光景として知られ、立派なご神木[※13]も多くあります。マイナスイオンに包まれた境内で、強力な浄化パワーを感じて下さい。

Check it!

本宮の先にある「結社」「奥宮[※5]」

境内に訪れたら、本宮でお参りするだけなく、先にある「結社」「奥宮」はぜひ回ってほしいスポットです。本宮から奥宮までは、歩いて15分ほど。貴船神社で最もパワーを感じる場所であり、最もミステリアスなスポットの龍穴[※25]があるとされています。〝物事を前進させる〟龍の力を浴びることができるはず。

縁結びの力があるとされるのは結社。磐長姫命《いわながひめのみこと》を祀っていて、不思議なパワーを感じられる場所になっています。

Check it!

ご神水[※13]

今まで一度も枯れたことがないというご神水は、夏は冷たく、冬は不思議なぬくもりを持つ弱アルカリ性の天然水。無料で汲むことができますが、オリジナルのご神水容器（1本300円）も授与されているので、参拝の記念におすすめです。

Check it!

ご神水で占うおみくじ

縁結びのご神徳もあり、ご神水に浸すと文字が浮かんでくる「水占みくじ」は、行列ができるほど人気。

✔神社'sGUIDE

全国に約500社ある貴船神社の総本社[※18]。「水は万物の命の源」といわれ、古くから雨乞いの社として信仰され、現在も農業や漁業、水道業はもとより、飲食業全般、消防士や海上自衛隊など、多くの職業の人の崇敬神社とされています。創建の年代は不明ながら、約1300年前の天武天皇の時代に、社殿造替えの記録が社伝に残っていることから、その歴史の長さがうかがえます。初代神武天皇の母である玉依姫命《たまよりひめのみこと》が、黄色い船に乗って淀川・鴨川・貴船川を遡って当地に上陸し、水神を祀ったことから、「黄船の宮」として崇められることになったとも伝えられています。

data

京都府京都市左京区鞍馬貴船町180　TEL／075-741-2016
参／9:00〜17:00

関西／京都

車《くるま》折《ざき》神《じん》社《じゃ》

おすすめタイプ
5
1
11

芸能人も御用達のパワースポット

ご祭神※10は、平安時代後期の儒学者・清原頼業《きよはらのよりなり》公。商売や家計のやりくりで、「約束通りに行くこと」を守るご利益があります。同じ境内にある芸能神社もおすすめ。ご祭神は芸事を司る天細女《あめのうずめ》命《のみこと》で、芸能関係の方も多数崇敬しています。人を惹きつける力や、人に注目されるパワーが！

Check it!

「清めの社」と「厄除けの社」

祈念神石という石のお守りが有名な車折神社。「清めの社」という石の形にみえる円錐形の立砂を持つ、厄除けスポットもあります。神社全体が石にご縁がある神社なので、パワーストーンを手水の水で浄化するとよさそうです。

✔神社'sGUIDE

神社名は、後嵯峨天皇《ごさがてんのう》が嵐山に遊行した際、社前で牛車の轅《ながえ》が折れたことから門前右側の石を「車折石」と呼び、「正一位車折大明神《しょういちいくるまざきだいみょうじん》」の神号を贈られたことから。清少納言を祀るお社もあり、才色兼備のご利益で有名です。

data

京都府京都市右京区嵯峨朝日町23
TEL／075-861-0039
参　／9:00〜17:00
（正月期間は異なる）

護《ご》王《おう》神《じん》社《じゃ》

おすすめタイプ
6
4

足腰の守護＆デトックス神社

「足腰の健康」のご神徳※12にあやかるため、僕はお遍路に行く前は必ず、護王神社へご祈願に行きました。病気・ケガの回復、厄除けや災難除けにもご利益があり、境内に入るとジーンとした地からのパワーを感じます。体内の毒素を地面に排出してくれる「デトックス神社」ともいえるでしょう。

Check it! 眷属神※8が猪

「足が弱ったご祭神※10の神さまを猪が救った」という故事にちなんで、拝殿の前には狛犬ではなく「狛猪」が建てられています。手水舎には、鼻をなでると幸せになる猪のブロンズ像も。亥年生まれの人にもご利益があるといわれています。

神社'sGUIDE

京都御所の西側、烏丸通沿いに鎮座する神社で、平安京の建都に貢献した和気清麻呂《わけのきよまろ》公《こう》が祀られています。健脚な猪と縁が深く、京都マラソンや高校駅伝の時期には、多くのランナーが参拝にくることでも有名。

data
京都府京都市上京区烏丸通下長者町下ル桜鶴円町385
TEL／075-441-5458
参 ／9:00～17:00

蚕《かいこ》ノ社《やしろ》

高次元の神が宿る場所

正式な神社名は、木嶋坐天照御魂神社《このしまにますあまてるみたまじんじゃ》。知る人ぞ知るレアスポットです。その理由は、「造化の三神[※17]」のうちの1柱[※21]、天之御中主神《あめのみなかぬしのかみ》という、この世のすべての創造主をご祭神[※10]としている神社だから。もはや男女の性別をも超えた高次の神をお祀りしているとあって、何度も訪れるというスピリチュアリストも少なくありません。

中でも必見は、境内の中にある非常に珍しい三本柱の鳥居。上から鳥居を見ると三角形の形をしているのですが、三角や「三」という数字には、物事を安定、調和させる力が秘められているといわれています。柵で囲まれているので近くには行けませんが、神聖なエネルギーが燦然《さんぜん》と注がれているのを感じます。「この世の源」という特別なパワーをあやかりに訪れてみてはいかがでしょうか。

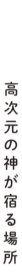

Check it!

2つのパワーが放たれる強力スポット

本殿右側に蚕神社、境内の左側に稲荷※3神社があり、特に稲荷神社の方は少し近寄りがたいパワーを放っています。

お参りするなら、パワースポット参りというような軽い気持ちではなく、本気で崇敬神社にするぐらいの覚悟が必要かも。夕方以降の参拝は遠慮して、朝の間にお参りしたいところです。

Check it!

三本柱の鳥居

三本柱の鳥居は柵越しに拝むことができますが、必要以上に近づけないようになっています。鳥居の中心には石が積まれており、そのピラミッド状になっている〝センター〟をめがけて、上から光のようなものが降りてきています。古代の人々はこの地を上とつながる柱のある場所、聖地として政《まつりごと》を行っていたのでしょうか。敏感な方であれば眉間や頭に、何かを感じるかもしれません。

✔神社'sGUIDE

別称「木嶋神社」とも呼ばれる蚕ノ社。大きな樹木に囲まれたその森は、かつて「糺《ただす》の森《もり》」と呼ばれていましたが、平安時代・嵯峨天皇の時代に潔斎・物忌みの場が木嶋神社から下鴨に移り、下鴨神社の森が「糺の森」となったことから「元糺の森」と呼ばれるようになりました。この地の勢力者であった渡来系氏族の秦氏が水の神・むすびの神を祀ったのがはじまりとされ、古くから祈雨の神として信仰された神社。本殿の東側には織物の神さまを祀る養蚕神社があり、養蚕・機織・染色の技術に優れた秦氏に縁が深いことから「蚕ノ社」と呼ばれ、今でも製糸業者や染色業者が多く訪れています。

data

京都府京都市右京区太秦森ヶ東町50　TEL／075-861-2074
参／24時間

羽《は》束《づか》師《し》神《じん》社《じゃ》

蚕ノ社と合わせて行きたい高次元神社

蚕ノ社のご祭神[※10]は造化の三神[※17]の1柱[※21]である天之《あめの》御中主神《みなかぬしのかみ》ですが、羽束師神社は残り2柱の高御産《たかみむ》巣日神《すびのかみ》、神産巣日神《かみむすびのかみ》が祀られています。この2柱の神は「むすび」の霊力を持ち、古くより五穀豊穣、農耕の信仰を集めてきました。蚕ノ社とペアで、京都の北と南で地場を守っています。

Check it!

"むすび"を表す組紐

紅白の縄を編みこんだものや多色のものなど、組紐の要素が目立ち、境内の多くの摂社[※18]・末社[※18]本殿にも、"結び"を感じる紐があります。ご祭神が高皇産霊命《たかみむすびのみこと》、神皇産霊神《かみむすびのかみ》という"むすび"を司る神々だからか、"陰陽和合"を感じさせます。

神社's GUIDE

羽束師神社は鴨川と桂川の合流点にあり、良質の泥土も採取されることから、土器や瓦の製作が行われました。「羽束師」は、土や泥を意味し、瓦や土器などの製作に携わった集団と関係が深い地名と考えられています。

data

京都府京都市伏見区羽束師志水町219-1
TEL／075-921-5991
参　／24時間

晴《せい》明《めい》神《じん》社《じゃ》

おすすめタイプ
12
8
6

陰陽師・安倍晴明《あべのせいめい》を祀る神社

晴明神社は平安時代の天文学者で、陰陽道の師である、安倍晴明公をお祀りした神社。「魔除け」「厄除け」の神社として、僕は「東の寒川神社（P84）・西の晴明神社」と位置づけています。陰陽や五芒《ごぼう》星《せい》の刻印のお守りも。楠のご神木[※13]に触れ、サイキックなパワーを感じて下さい。

Check it!

鳥居の「五芒星」

一の鳥居[※1]に掲げられた額縁の、金色の社紋「晴明桔梗《せいめいききょう》」に注目。通常、神社名のものが多く、全国的にも珍しいものです。「晴明桔梗」は、「五芒星」とも呼ばれ、晴明公が創った祈《き》祷呪符《とうじゅふ》の一つ。エネルギー増幅のパワーがあると言われています。

✔神社'sGUIDE

ご祭神[※10]・安倍晴明公は生前より、天皇から貴族、庶民に至るまで、広くその悩みや苦しみを取り払ってきました。「晴明公にお祈りすれば、不思議な霊の利益を受けることができる」という評判が、今も多く語り継がれています。

data

京都府京都市上京区晴明町806
TEL／075-441-6460
参　／9:00～18:00

地《じ》主《しゅ》神《じん》社《じゃ》

関西／京都

おすすめタイプ 7

京都の地で出雲を感じる縁結び神社

主祭神[※14]の大国主命《おおくにぬしのみこと》は縁結びの神として有名で、出雲大社のご祭神[※10]でもあります。毎月第1日曜日の、えんむすび地主祭《じしゅまつ》りでは、有名な「恋占いの石」や「恋の願かけ絵馬」のお祓いが行われます。大国主命の親子三代が合祀されており、子授けや安産のご利益も期待できそう。

data

京都府京都市東山区清水一丁目317
TEL／075-541-2097
参 ／9:00〜17:00

Check it!

恋占いの石

本殿前に立つ2つのご神石は、「一方の石からもう一方の石へ、目を閉じたまま歩いて辿り着くと恋が叶う」と伝えられています。これは由緒正しく、「目隠しで心願成就を占う」行為は古くから神さまにお伺いを立てる方法だったとか。

✔神社's GUIDE

創建年代は日本建国以前とされ、近年の研究により「恋占いの石」は、縄文時代の遺物であることが確認されました。皇から武士、仏師、そして能まで千年以上にわたり信仰を集め、平安時代から多くの歌にも詠まれました。

関西／京都

石《いわ》清《し》水《みず》八《はち》幡《まん》宮《ぐう》

おすすめタイプ
10
6

京都では珍しい「開拓・発心系」神社

武神・八幡大神《はちまんおおかみ》を祀り、八幡宮[※22]系特有の「背筋がビシッと、上に伸びていく」気を感じる神社。資格試験、プレゼン、受験など、「負けられない課題」を抱えている方には特におすすめです。京の都から見て裏鬼門[※7]を守る神社であり、「都を守護する」役割も持ちます。

data
京都府八幡市八幡高坊30
TEL／075-981-3001
参 ／季節によって異なるので要確認

Check it!

霊泉《れいせん》「石清水《いわしみず》」と石清水社

男山中腹には、霊泉「石清水」と摂社[※18]・石清水社があります。健康長寿で知られるご神水[※13]は「冬に凍らず夏に枯《か》れない霊泉」といわれています。ぜひこちらにも参拝して〝生まれ出ずる所〟のエネルギーを感じてみてください。

神社'sGUIDE

「やわたのはちまんさん」こと石清水八幡宮は、京・難波間の八幡市の男山一帯《おとこやまいったい》、木津川・宇治川・桂川が合流する交通の要の地にあります。平成28年には国宝に認定されています。

少《すくな》彦《ひこ》名《な》神《じん》社《じゃ》

関西／大阪

おすすめタイプ
6
2
12

健康にまつわるすべての人向け

別名「神農《しんのう》さん」とも呼ばれる少彦名神社は、日本医薬の総鎮守です。薬効、温泉などの治療の神、または呪術などの能力を持つ神をご祭神※10としているので、医療系や癒やし系の施術を行う職種の方、持病や再発リスクなどの健康系の悩みを持つ方におすすめ。

Check it!

ペットの祈祷やお守り

ペットは神域に連れて入らないことが神社詣でにおける常識ですが、ここはペット用のお守りがあり、ご祈祷も行っています。この神社がある道修町に動物用医薬品メーカーなどが事務所を構えることから、ペットにご縁が深い神社になったとか。

神社'sGUIDE

少彦名神社が鎮座する大阪道修町は、豊臣時代の頃から薬種業者が集まっていました。神のご加護によって職務を正しく遂行するため安永9年、ご祭神の少彦名命《すくなびこなのみこと》を神農《しんのう》炎帝王《えんていおう》と共に祀ったのが始まりです。

data

大阪府大阪市中央区道修町2-1-8
TEL／06-6231-6958
参　／10:00～17:00

住《すみ》吉《よし》大《たい》社《しゃ》

おすすめタイプ
3
9
12

トラブルを解決に導く「禊」の神

住吉大社の神は、「海の神さま」といわれています。万物の源の海を司ることから、「祓い」のパワーは最強。日常生活の中でいつのまにか抱えてしまった負の念、ネガティブな運気を浄化してくれます。気がよどんでいると感じたり、対人関係に悩んでいる方も「水に流して」もらえるかも。

data
大阪府大阪市住吉区住吉2丁目9-89
TEL／06-6672-0753
参／6:00～17:00(4月～9月)、
6:30～17:00(10月～3月)

Check it!

種《たね》貸《かし》社《しゃ》

倉稲魂神《うかのみたまのみこと》が祀られているこのお社は、ご祭神※10こそお稲荷さん※3ですが、資金調達や子宝のご神徳※12で知られています。これから商売を始める人や商いを営む人は、参拝すると資金調達にまつわるご神徳が得られるかもしれません。

神社's GUIDE

摂津国《せっつのくに》（大阪府北西部と兵庫県南東部）の中でも由緒が深い、全国約2300社余の住吉神社の総本社※18。大阪の地に住む人々を災難から守ってきました。神話とも縁の深い「住吉大神」の三神をご祭神としています。

関西／和歌山

熊《くま》野《の》本《ほん》宮《ぐう》大《たい》社《しゃ》

千年の歴史ある熊野神社の総本宮[※18]

おすすめタイプ
12 10 4

「熊野」とは、和歌山県南部～三重県南部の地域のこと。その和歌山県南部に「熊野三山」と呼ばれる3つの神社（本宮・速玉（P146）・那智（P147）各大社）があり、熊野三山へお参りするための道を熊野古道といいます。熊野本宮大社は熊野三山の中心で、全国に3千社以上ある熊野神社の総本宮。平安時代末、「浄土への入り口」として、熊野三山に多くの皇族や貴族が参拝するようになりました。浄土へお参りし、帰ってくることは「死と再生」を意味し、熊野三山は「よみがえりの聖地」という別名も。中でも出雲の祖神・家津美御子大神《けつみみこのおおかみ》を主祭神[※14]とする熊野本宮大社は、「天《てん》下《か》泰平《たいへい》」という大きなビジョン&ご神徳[※12]を持っていて、雄大なパワーを感じることができます。境内のあちこちには、熊野三山のシンボルである導きの神鳥《かみとり》・八咫烏《やたがらす》があしらわれています。

Check it!

熊野本宮大社跡地・大斎原《おおゆのはら》

本殿から国道を渡り、徒歩10分ほどの距離に、かつて熊野本宮大社があった旧社地・大斎原があります。明治22年に起こった大水害で本宮大社社殿の多くが流出、水害を免れた四社を現在の熊野本宮大社がある場所に遷座《せんざ》しました。

日本最大の大きさといわれる鳥居を抜けた所にある広場が、現在の大斎原。田んぼの中に立つ鳥居は、絵になる美しさ。「魂」と書かれた球体に注連縄《しめなわ》が張られている手水舎も要チェックです。個人的には、拝殿のある熊野本宮大社よりもこちらの大斎原の方が好きで、力強いパワーをチャージすることができます。

Check it!

三社の護符やお守り

もし三社参拝が可能であれば、烏文字で書かれた熊野三山だけの「熊《くま》野《の》牛王《ごおう》神符《しんぷ》」というA4サイズの護符がおすすめ。デザインは三社それぞれ違うので、比べてみて下さい。人気の勝守りのほか、『ジョジョの奇妙な冒険』で知られる漫画家の荒木飛呂彦氏デザインによる「和（和合）」のお守りも、レアアイテムとして要チェックです。

神社'sGUIDE

全国の「熊野神社」の総本山にあたる熊野本宮大社。三社の中でもとりわけ古式ゆかしい雰囲気を漂わせる熊野本宮大社。熊野参詣道の中でも、多くの人々が辿った「中《なか》辺《へ》路《ち》」を歩くと、難行苦行の道のりを終え最初に辿り着くのが熊野本宮大社です。

平成7年には社殿が国の重要文化財に指定されました。神門をくぐると檜皮葺《ひわだぶき》の立派な社殿が姿をあらわします。向かって左手の社殿が夫須美《ふすみ》大神《おおかみ》・速玉大神《はやたまのおおかみ》の両神。中央は主神の家津美御子大神《けつみみこのおおかみ》、その右手には天照大神《あまてらすおおみかみ》が祀られており、交通安全、大漁満足、勝運（自らに勝つ）、長寿の神として信仰されています。

data

和歌山県田辺市本宮町本宮　TEL／0735-42-0009
参／8:00〜17:00

熊野速玉大社《くまのはやたまたいしゃ》

おすすめタイプ
3
10
11

街中にある穏やかなパワーの宿る神社

巨岩をご神体[※13]とする、神倉神社（P148）の新宮[※15]。朱塗りの美しいお社です。樹齢千年を超える梛《なぎ》の大木は熊野権現《くまのごんげん》の象徴といわれ、ナギは〝凪（風が止んで波がなくなり、海面が穏やかになった状態）〟に通じることから、海上安全のご利益も。ぜひ近くまで行って、パワーを感じて下さい。

data
和歌山県新宮市新宮1番地
TEL／0735-22-2533
参 ／8:00～17:00

Check it!

鼻の長い水龍

ここの手水舎には、ほかの神社には見られない、長い鼻を持つ水龍があります。神社のご神域を守る意味をもち、熊野三山の中で唯一街中にある神社なので、邪気を払うために手水の龍も強力なものになっているのかも。

✔神社'sGUIDE

神倉神社のゴトビキ岩に降臨した熊野権現を勧進するため、景行天皇の時代に社殿が現在の熊野速玉大社（新宮[※15]）に遷されました。
伊邪那岐命《いざなぎのみこと》、伊邪那美命《いざなみのみこと》を主神に、12柱[※21]の神々を祀っています。

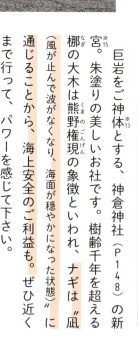

関西／和歌山

熊《くま》野《の》那《な》智《ち》大《たい》社《しゃ》

おすすめタイプ
1
10
7

生まれ変わりを体験できるかも

熊野三山の一社（ご神体※13の御瀧は、別宮の飛瀧神社（P150）に祀られています）。「今まで自分を出せずにいた」「性格を変えたい」「自分のやり方に悩んでいる」というときは、生まれ変わりのパワーを持つ那智大社がおすすめ。僕自身、那智大社をはじめ熊野三山に参拝し、人生が変わりました！

Check it!

胎内くぐり

境内には、樹齢850年の楠《くすのき》の根っこが空洞になっていて、有料で『胎内くぐり』をすることができます。願い事を書いてから穴の中に入ると、上の方にもう一箇所穴が空いており、はしごを登ってくぐりぬけることができます。

神社'sGUIDE

467段におよぶ石段の上に建つ6棟からなる社殿は標高約330mに位置し、熊野《くまの》権現《ごんげん》造《づく》りの風格を伝えています。

那智大社の主祭神※14は伊邪那《いざな》美命《みのみこと》。そのご神徳※12によって、「結宮《むすびのみや》」とも呼ばれています。

data
和歌山県東牟婁郡那智勝浦町那智山1
TEL／0735-55-0321
参　／7:00〜17:00

関西／和歌山

神《かみ》倉《くら》神《じん》社《じゃ》

熊野の神々が降臨した聖地

おすすめタイプ

9 12 11

神倉神社は、同じく和歌山県にある熊野速玉大社（P146）の摂社[※18]。熊野の神々は、まず初めに神倉山の「ゴトビキ岩」に降臨され、その後、現在の社地に新しい宮を造営、新宮[※15]（現在の熊野速玉大社）となりました。つまり、ここは熊野速玉大社の原点。「天《あま》ノ《の》磐盾《いわだて》」という峻崖《しゅんがい》の上にあり、熊野古道中の古道といわれる538段もある厳しい石段を登りつめると、ご神体[※13]・ゴトビキ岩があります。急勾配な階段のため、「飲酒者や踵の高い靴での登拝は、危険防止のため禁止」の注意書きがあるほど。自然信仰の時代から残る強い聖地で、そのパワーは強烈です。

白装束の男性たちが松明をもって断崖の階段を駆けおりる奇祭「お燈祭《とうまつり》」（2月6日）も有名。神倉神社のお札や御朱印は、熊野速玉大社でいただけます。

Check it!
龍脈[※26]のへそにあたる所

日本全体を龍脈としてみた場合、和歌山県や三重県（伊勢神宮）、吉野山や高野山は、ちょうど龍のおなかにあたる場所です（さらに北に行くと、京都、奈良、比叡山もあります）。

つまり、日本の神社仏閣の本山が多く見られたり、ゴトビキ岩のように神さまが降臨した依り代[※24]がその一帯に集中していて、まるで「龍のへそ」の様相を呈しているのです。そのため本書で紹介している神社も、三重～和歌山～京都に数多く集中しています。

Check it!
歴史ある石階段

鎌倉時代に寄進された石階段は、非常に歴史を感じられるもの。毎年のお燈祭で町の男たちが駆けおりる、その〝神事〟のパワーなのか、一歩登る度に神域に近づくのが感じられます。

山頂からの眺めは最高で、新宮市を眼下に見下ろすことができます。

✓神社'sGUIDE

和歌山県新宮市中心市街地の西側にある千《ち》穂《ほ》ケ《が》峯《みね》の東南端を神倉山といい、その山上に神倉神社があります。新宮の熊野速玉大社からは徒歩15分ほど。神倉神社に参拝するには、自然石を組み合わせて積み重ねた「鎌倉積み」の急峻な石段を登らなければなりません。この石段は、源平合戦における熊野の功労を賞して、建久4年（1193年）に源頼朝が寄進したもので、鎌倉時代の貴重な遺物として伝えられています。石段を登り切ると鳥居があり、一枚岩の岩盤の上に見える巨岩群がご神体のゴトビキ岩。岩の横に小さな社殿が設けられ、高倉《たかくら》下命《じのみこと》と天照大神《あまてらすおおみかみ》が祀られています。

data

和歌山県新宮市神倉1丁目13-8　TEL／0735-22-2533
参／24時間

関西／和歌山

飛《ひ》瀧《ろう》神《じん》社《じゃ》

おすすめタイプ

10 7 1

浄化パワー最強！ 世界遺産の瀧を祀る

熊野那智大社（P147）の別宮。境内には、日本一の高さを誇る「那智御瀧《なちのおんたき》」があり、この瀧をご神体[※13]としてお祀りしています。滝つぼ付近で感じる水のパワーは最強。まさに「背水の陣」で人生に行き詰まった八方塞がりのとき、起死回生の一手を授けてくれるでしょう。

Check it!

世界遺産の「一の瀧」

御瀧をいちばん近く、真正面で拝観できるのが、有料の遥拝殿《ようはいでん》。参入料を支払ってお盃をいただき、「延命長寿の水」と伝えられている滝つぼの水を飲むことも可能。そこにいるだけで心身が浄化されるほど、パワーを感じることができます。

神社'sGUIDE

那智の奥、大雲取連山《おおぐもとりれんざん》から流れている流水が大滝となっています。全山に那智48滝という数多くの滝があり、一番高いのが一の瀧・那智御瀧です。高さは133mあり、このサイズにあやかった133cmのおみくじも人気です。

data

和歌山県東牟婁郡那智勝浦町那智山2
TEL／0735-55-0321
参 ／7:00～17:00

春日大社《かすがたいしゃ》

おすすめタイプ
4
10
3

雄大な「開拓」パワー

奈良公園の東側に鎮座する世界遺産のお社。境内は広大で、本殿のほかに「若宮神社《わかみやじんじゃ》」「夫婦大国社《めおとだいこくしゃ》」など、61もの摂社[※18]・末社[※18]があり、たくさんの神さまがお祀りされています。武神の神さまをお祀りしていますが、ご神気[※11]はゆったり穏やか。道を切り開き、開拓するパワーがあります。

Check it!

御蓋山浮雲峰《みかさやまうきぐものみね》 遙拝所《ようはいじょ》

鹿島神宮（P52）の武甕槌命《たけみかづちのみこと》が白鹿の背にお乗りになり天降られたという御蓋山の頂上、浮雲峰。春日大社の本殿東に、その山を拝むことができる遥拝所があります。奈良が都の頃からこの土地を守ってきた神々に、ご挨拶ができる場所です。

✔神社'sGUIDE

奈良に都ができた約1300年前、日本の繁栄と国民の幸せを願って、茨城の鹿島から武甕槌命を神山・御蓋山にお迎えしたのが始まり。平成10年には、「古都奈良の文化財」として世界遺産に登録されました。

data

奈良県奈良市春日野町160
TEL／0742-22-7788
参　／6：00～18：00（4月～9月）、
6：30～17：00（10月～3月）

関西／奈良

室生《むろう》龍《りゅう》穴《けつ》神《じん》社《じゃ》

人生に負荷をかけてでも
レベルアップしたい人に

女人高野《にょにんこうや》「室生寺《むろうじ》」前から室生川に沿って行くと、渓谷の入り口に龍穴神社があります。境内から出て道路沿いに山を上がる途中で、道路に急に鳥居が現れ、その奥には雨乞いの神・龍王が住むという龍穴[※25]が。龍穴の前には小さい拝殿があり、古くから雨乞いの儀式が行われてきた聖地というだけあって、人が入れる場所ではないような、霊気溢れる神聖なパワーが漂っています。この神社は、人生を「根本的に方向転換したい」という人におすすめ。実際に参拝の後、「仕事を辞めた」「体にじんましんが出てデトックスした」など、大きな変化を迎えた方は少なくありません。加圧トレーニングのベルトを巻くような負荷をかけてでも、レベルアップしたい！　というときにはぜひ。そういうタイミングではない方でも、行くことで龍神様から増強剤をもらえることでしょう。

Check it!

夫婦杉

龍穴神社の入り口には、鳥居のような大きな2本の杉の木があります。寄りそうように立っているその形状から「夫婦和合」「家庭円満」「家運隆昌《かうんりゅうしょう》」のご神木※13として、信仰を集めています。夫婦杉の前に小さい鳥居と賽銭箱があるので、すぐにそれとわかるはず。

境内には杉の巨木が林立しており、上に伸びるような、ピシッとした気を感じられます。

Check it!

龍穴

龍穴神社の名前の由来にもなっている、龍が住むといわれる穴。龍穴神社から歩くこと20分程度、野生の鹿にあったりしながら辿り着くそこは、まさに聖地。

1枚の大きな岩と、そこを流れる水。岩盤越しにしか拝むことができず、中を覗き見ることもできない、しめ縄をはられた龍穴。非常に神秘的な場所です。

✔神社'sGUIDE

室生龍穴の信仰は、室生寺の創立とほぼ同じ、平安前期以来といわれています。ご祭神※10は、雨乞いの神・高龗神《たかおかみのかみ》。朝廷の崇敬が厚く、度々雨乞いが行われました。室川上流には、龍神が住むと伝わる洞穴「龍穴」があり、古代から神聖な磐境《いわさか》とされてきました。

皇太子だった桓武天皇《かんむてんのう》の病気平癒を願い、室生の龍穴で祈祷が行われた記録があり、これが「吉祥龍穴《きっしょうりゅうけつ》」ではないかと考えられています。秋祭りには御幣をかかげ室生寺内の天竜祀《てんりゅうのほこら》と龍穴神社《りゅうけつじんじゃ》にお渡りをし、御幣と鈴を持った雄獅《おじ》子と雌獅子《めじし》の2頭が舞を披露します。

data

奈良県宇陀市室生1297　TEL／0745-93-2177

参／24時間

神さまmind

魂の声を鈍らせる、ノイズを消すためには

自分の宿命を探るヒントは、実は身近なところに神さまの采配によって、あちこちに張り巡らせています。しかし、あなたのスピリチュアルアンテナが鈍っている状態では、どんなに神さまがアラートを発していたところで、それに気付くことはできません。

では、アンテナを鈍らせる要因とは何でしょう？　その答えは、現代社会に溢れかえっている「情報」です。

もはや暮らしには欠かせない情報ですが、ただ鵜呑みにするだけではＮＧ。流れてくる情報を受け取りっぱなしにしていると、やがて「ノイズ」化し、あなたの魂の成長をジャマする存在になってしまいます。

個人セッションでも、「自己」がなくなっている方が多いなと感じています。まわりはどうあれ、自分はどう思うのか。自分軸をもたずに生きることは、どんな花が咲くのかわからずに種を育てているようなものです。

人間も動物ですから、ヒーラーという職種ではなくても、本来はネイティブなセンサーが備わっているもの。ところがノイズまみれになると、余計な情報で目詰まりを起こし、センサーが滞ってしまいます。

「なぜ自分はこんな目に遭うのか」というマインドに陥りがちな人、合わない仕事、キツい人間関係に振り回されてしまう人は、ノイズまみれの自分のアンテナのクリーンアップが必要です。

お稲荷※3さんとお礼参り

一般的に、お稲荷さんはお礼参りが特に大事だと言われています。見方や解釈にもよるかと思いますが、僕的には答えは「YES」。それは決して狐が祟るとか、お稲荷さんがお怒りになるからというわけではありません。

もともとお稲荷さん（倉稲魂神《うかのみたまのかみ》）は五穀豊穣を司る神さまであり、現世ではビジネス運や豊作、金運アップの後押しをしてくださっています。ところが神さまの後押しを受け、出世をしたり、商売繁盛したりすると、つい“独り占め”したくなり、社会に還元することをやめてしまうことがあります。

そのパワー（お金）を回さずに手元に残しておくと、どんどん淀んだエネルギーになり、人によっては病気になったり、ケガをしたり、誰かに裏切られたりして表に“負のパワー”として現れてくることがあります。それが、“お稲荷さんの祟り”といわれているものの正体です。

先人は“お稲荷さんはお礼参りが大事”ということで、大事な恩送りやお返し、「おかげさまの精神」を後世に伝えているのかもしれません。

5

中国・四国エリア

島根／広島／香川／愛媛／

天《てん》神《しん》社《しゃ》

おすすめタイプ
8
6

穢れを落とす滝の力

出雲大社の東門近く、北島国造館《きたじまこくそうかん》に「亀の尾の滝」と呼ばれる滝があり、その目の前にあるのが天神社。大国主大神《おおくにぬしのおおかみ》と共に国をつくったといわれる、少彦名命《すくなひこなのみこと》が祀られています。会社経営者や起業したいという方は、こちらへの参拝もおすすめ。滝のパワーで穢れを祓いましょう。

data
島根県出雲市大社町杵築東194
TEL／0853-53-2525
参　／9:00〜16:00

Check it!

ハート形の絵馬

天神社のある北島国造館には、他ではあまり見られないハート形の絵馬があります。大国主大神のパートナーである少彦名命をお祀りしているので、出雲大社で縁結びの糸を手に入れ、ここで絵馬を奉納すれば良縁が結ばれやすくなるかも。

✔神社'sGUIDE

出雲教境内には天神社[※19]、天穂日命社、稲荷社[※3]、荒神社、そして天満宮があり、神さま密度が高い場所といえるでしょう。出雲大社に比べて芝生の広場やベンチがあり、穏やかでゆったりした空気が流れている所です。

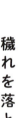

八重垣神社《やえがきじんじゃ》

おすすめタイプ
7
8

結婚へのご利益を求めて

出雲大社からは少し離れますが、ぜひ足を延ばしてほしい神社です。ご祭神※10は、ヤマタノオロチを退治した素盞嗚尊《すさのをのみこと》と稲田姫命《いなたひめのみこと》の二柱※21。縁結びの大親神様《おおおやがみさま》ともいわれています。夫婦和合、ご縁結び、子宝祈願などのご神徳※12にあやかりたい人に。

Check it!

鏡の池の「縁占い」

境内奥の「鏡の池」では、紙の上に10円や100円をのせて占う「縁占い」が人気。願いごとをして15分以内に紙が沈めば縁が早く、30分以上かかれば縁が遅いといわれています。沈む位置によって、縁のある人がどこにいるのかわかるとも。

✔神社'sGUIDE

松江市の中心より南の山沿いにある八重垣神社。社伝によれば、ご祭神の素盞嗚尊がヤマタノオロチを退治した後に「八雲立つ出雲八重垣妻込みに八重垣造る其の八重垣を」と詠んだ古歌と共に知られています。

data

島根県松江市佐草町227
TEL／0852-21-1148
参　／9:00～17:00

揖夜神社《いやじんじゃ》

中国・四国／島根

おすすめタイプ
12
8
6

黄泉《よみ》の国と縁の深い神社

揖夜神社の主祭神※14は伊弉冉命《いざなみのみこと》。伊弉諾命《いざなぎのみこと》が伊弉冉命を岩で封印したという神話があり、揖夜神社はその黄泉比良坂伝説地《よもつひらさかでんせつち》の近くにあります。「再生」と「復活」がご神徳※12なので、人生の節目を迎えている方は足をのばす価値があると思います。

Check it!

黄泉比良坂《よもつひらさか》

神社からは少しだけ離れますが、揖夜神社本殿から山を挟んで反対側にあるのが黄泉比良坂。現世とあの世の境と言われている所です。しめ縄がはられている鳥居があり、それがこちらとあちらを分けているとか。

✔神社'sGUIDE

熊野大社と並び、出雲国（現在の島根県東部）で最も古い神社。

出雲国造との関係が深い「意宇六社」の一つとして、江戸時代から「六社参り」の参拝者が絶えず、御遷宮には今でも国造の御奉仕があります。

data

島根県松江市東出雲町揖屋2229
TEL／0852-52-6888

嚴《いつく》島《しま》神《じん》社《じゃ》

おすすめタイプ
4
1
2

背後の山がパワースポット

日本三景の一つとして知られる宮島にある嚴島神社。宮島は、古くから島全体を神として信仰してきました。ご祭神[※10]は宗像大社と同じ3柱。[※21] 交通海上の神として有名ですが、中でも市杵嶋姫命《いちきしまひめのみこと》は「美」「財」「芸術性」などのパワーが強く、女性におすすめです。

Check it!

奥宮[※5]「御山神社《みやまじんじゃ》」

ご神体[※13]は「弥山《みせん》」を含む島全体。嚴島神社の心臓部は、この弥山の頂上にある嚴島神社の奥宮「御山神社」です。途中まではロープウェイがあり、頂上まで歩いてみると、ビリビリとしたパワーを感じることができ、おすすめです。

✔神社'sGUIDE

創建は推《すい》古《こ》天皇元年（593年）。その後、平清盛公が平家の守護神として尊崇したといわれています。原始宗教のなごりで、島全体が神の島として崇められ「陸地では畏れ多い」と海にせり出すように神社が建てられました。

data

広島県廿日市市宮島町1-1
TEL／0829-44-2020
参 ／6:30〜18:00（季節により変更あり）

金《こ》刀《と》比《ひ》羅《ら》宮《ぐう》

中国・四国／香川

おすすめタイプ 9 6 2 3

「こんぴらさん」で親しまれる海の神さま

琴平山《ことひらやま》（象頭山《ぞうずさん》）の中腹に鎮座する金刀比羅宮。大物主大神《おおものぬしのおおかみ》をご祭神[※10]としていることから、漁業や農業、工業や商業ほか、特に海の神さまとして有名です。参道の入口から本殿までが785段、奥社までは1368段。健脚な方はパワースポットである奥社へも、ぜひ行ってみてください。

Check it!

おみやげが豊富

「幸福の黄色いお守り」や「笑顔元気くん守り」など、カラフルなお守りは御本宮にしかないお守りです。参道沿いには、昔ながらの数珠や木彫りのだるまなど、ほかでは買えない珍しい物が多いので、ひと味ちがうグッズを買うことができます。

✔神社'sGUIDE

通称「こんぴらさん」で知られる金刀比羅宮は、全国にある金比羅神社の総本山[※18]。江戸時代は、伊勢神宮へのお蔭参りに次ぐ庶民の憧れでした。山の麓、門前町には飲食店、土産物屋、温泉宿がずらりと軒を連ねています。

data

香川県仲多度郡琴平町892-1
TEL／0877-75-2121
参　／6:00〜17:00（10月〜3月）
6:00〜18:00（4月〜9月）

石《いし》鎚《づち》神《じん》社《じゃ》

おすすめタイプ
4
6
12

山岳信仰を色濃く残す、霊峰・石鎚山

石鎚山は標高1982mの山で、西日本最高峰。古くから山岳信仰の山として知られ、「家内安全」「厄除開運」「病気治癒」のご利益が。山そのものがご神体[※13]なので、登山するのが一番その神気[※11]にあやかれますが、拝殿にもいいパワーがあるため、「口《くち》の宮本社《みやほんしゃ》」の参拝でもいいでしょう。

data
愛媛県西条市西田甲797番地
TEL／0897-55-4044
参　／8:30〜17:00

Check it!

空海修行の地の霊水

口の宮本社境内には、霊峰石鎚からもたらされる霊水がいただける水汲み場があります。

空海が修行したともいわれる場所だけに、何らかの〝霊力〟が開花するような力がもらえるかもしれません。

✔神社'sGUIDE

日本七霊山《にほんななれいざん》の一つ、「霊峰石《れいほういし》鎚《づち》山《さん》」をご神体とする神社。石槌山は1300年余の昔に開山され、現在も山岳信仰の山として深い崇敬を集めています。ご祭神[※10]は伊《い》邪《ざ》那《な》岐《ぎ》命《の》と伊《い》邪《ざ》那《な》美命《みのみこと》の2番目の子ども、石鎚《いしづち》毘古命《ひこのみこと》。

大《おお》山《やま》祇《づみ》神《じん》社《じゃ》

おすすめタイプ 10

歴代名将に愛された武神系神社

愛媛県今治市の沖、大三島《おおみしま》に鎮座する大山祇神社。武家や瀬戸内の海賊、伊藤博文公などの歴代総理大臣、海軍大将など、名だたる名将から崇拝信仰を受けてきた神社です。勝負運やカリスマ性を高めたいという方は、しまなみ海道を訪れた際に、ぜひ立ち寄るといいでしょう。

Check it!

宝物館《ほうもつかん》

必見なのが、宝物館。国宝や重要文化財指定を受けた武具類の8割を収蔵し、武蔵坊弁慶《むさしぼうべんけい》が奉納したと伝わる薙刀《なぎなた》、源義経や源頼朝が奉納した鎧《よろい》、刀剣《とうけん》など、歴史上の重要人物や武将の奉納品が展示されています。

神社'sGUIDE

日本総鎮守といわれ、全国に一万社あまりの分社を持つ神社。境内中央には樹齢約2600年のご神木※13である大楠《おおぐす》が鎮座しており、神社内の楠群《くすのきぐん》は国の天然記念物に指定されています。

data
愛媛県今治市大三島町宮浦3327
TEL／0897-82-0032
参　／8:30〜16:30（宝物館）

波動を上げる方法
～その1　お遍路～

ヒーラーという仕事を本気で始めるにあたり、「腹を据えて霊格を高める修行をしよう」と思ったことがきっかけで、2014年の秋、四国八十八箇所を巡るお遍路の旅に出ました。

一番札所から順番に巡る「順打ち」で、42日間かけ、八十八ヶ所をコンプリート！　しかし、道中は心が折れそうになるほどのハードさです。通称「遍路ころがし」と呼ばれる勾配の厳しい難所、真っ暗な山道。足はマメだらけになり、関節が痛くてボロボロ。スタート時は新品だったスニーカーは途中でおしゃかになり、道中Amazonで新しいものを注文しました（その辺りは現代由縁ですね）。

そんな荒行の果てにたどり着いたのは、ありとあらゆるものに感謝する心です。「お腹が痛くなるのも生きているから」と思えてくるほど、自分自身の穢れが祓われていくのを感じました。最後の方は高速モードでスタスタ歩けるくらいまでになり、心身共に、かなり手応えを感じるほどに鍛えられた貴重な体験でした。

神さまcolumn

波動を上げる方法
～その2　スペイン巡礼～

この世界はすべて、波動で成り立っています。波動をつくる原子や分子、量子などの振動を高めれば高めるほど、「運気は上がる」。つまり、「自分自身の波動を上げる」ことがパワーアップの近道と考え、お遍路体験の翌年、スペイン巡礼の旅にチャレンジしました。

キリスト教三大聖地の一つ「サンティアゴ・デ・コンポステーラ」に向かう道のりは、歩行距離にして約850km、かかった日数は26日間。カミーノ・デ・サンティアゴ=「生まれ変わりの旅」ともいわれるスペイン巡礼の旅を通じて実感したのは、肩書や見た目など、余計な装飾を削ぎ落としたときに見えてくる世界です。たとえ社会的ポジションの高い人でも、巡礼の旅の中では先輩がいて、ステイタスは関係ありません。拝殿やご神体[※13]の前ではどんな人も「ただの人間」に戻るように、巡礼やお遍路は、等身大の自分を取り戻すための「聖なる路」。自分を深く見つめて内省する、瞑想の旅でした。

6

九州
エリア

福岡／熊本／大分／宮崎／鹿児島／

九州／福岡

太《だ》宰《ざい》府《ふ》天《てん》満《まん》宮《ぐう》

コツコツ努力を重ねた人には「サクラサク」

おすすめタイプ
9 3 10

学問の神として知られる天神様[※19]（菅原道真公）をお祀りしている、全国約1万2千社の総本宮[※18]です。京都の北野天満宮（P126）同様、「コツコツ努力を続ける人」を応援し、粘りを支えてくれる神社。これは、ご祭神[※10]の菅原道真公が勉強熱心で、最年少で右大臣にまで出世したことに由来します。

そのため、目標に向かい、「もうこれ以上は頑張れない！」というくらい努力をした人向き。そういう人がお参りすると、「最後の切り札」として下駄を履かせてくれるなど、後押しをいただけることでしょう。受験でも仕事でも、「頑張り」ベースの上にパワーがくるので、「努力していない」場合はいくら神さまパワーをかけてもご利益は期待できません。一発逆転の神頼みには不適かも。

Check it!

太鼓橋《たいこばし》の上

境内には、「心」の字に模《かたど》られていることから「心字池《しんじいけ》」と呼ばれる池があります。

その上にかかる橋は「太鼓橋」「平橋」「太鼓橋」の3つからなり、それぞれ過去・現在・未来を表すのだそう。特に「太鼓橋」の上は、とてもいいパワーを感じるのでおすすめです。

この橋を渡り、水の上を歩くことで、心身とともに清められ、参拝の前に祓をすることができます。

Check it!

眷属神※8が牛

ご祭神の菅原道真公が丑年生まれであること、また太宰府の地が牛とゆかりが深いことから、牛は天神様の使いとされ、大切にされています。そのため、境内のあちこちには、ブロンズや石の牛の像が奉納されています。

「御神牛《ごしんぎゅう》の頭を撫でると知恵を授かる」ともいわれており、多くの人が牛の像を撫でている光景が見られます。

✔神社'sGUIDE

「学問・至誠・厄除けの神さま」として、年間に約800万人の参拝者が訪れる太宰府天満宮。道真公は、承和12年（845年）に京都で生まれ、幼少期より学問の才能を発揮、努力を重ね、一流の学者・政治家・文人として活躍したといわれています。しかし無実ながら政略により太宰府に流され、住まいであった太宰府政庁《だざいふせいちょう》の南館（現在の榎社《えのきしゃ》）にてその生涯を閉じました。亡骸を牛車に乗せて進んだところ、牛が伏して動かなくなったことから、その地に埋葬されることとなりました。その後、道真公の無実が証明され、「天神様」と崇められるようになり、現在も厚い信仰を受けています。

data

福岡県太宰府市宰府4丁目7番1号
TEL／092-922-8225　開門／6:30～19:00（季節によって異なる）

九州／熊本

幣立神宮《へいたてじんぐう》

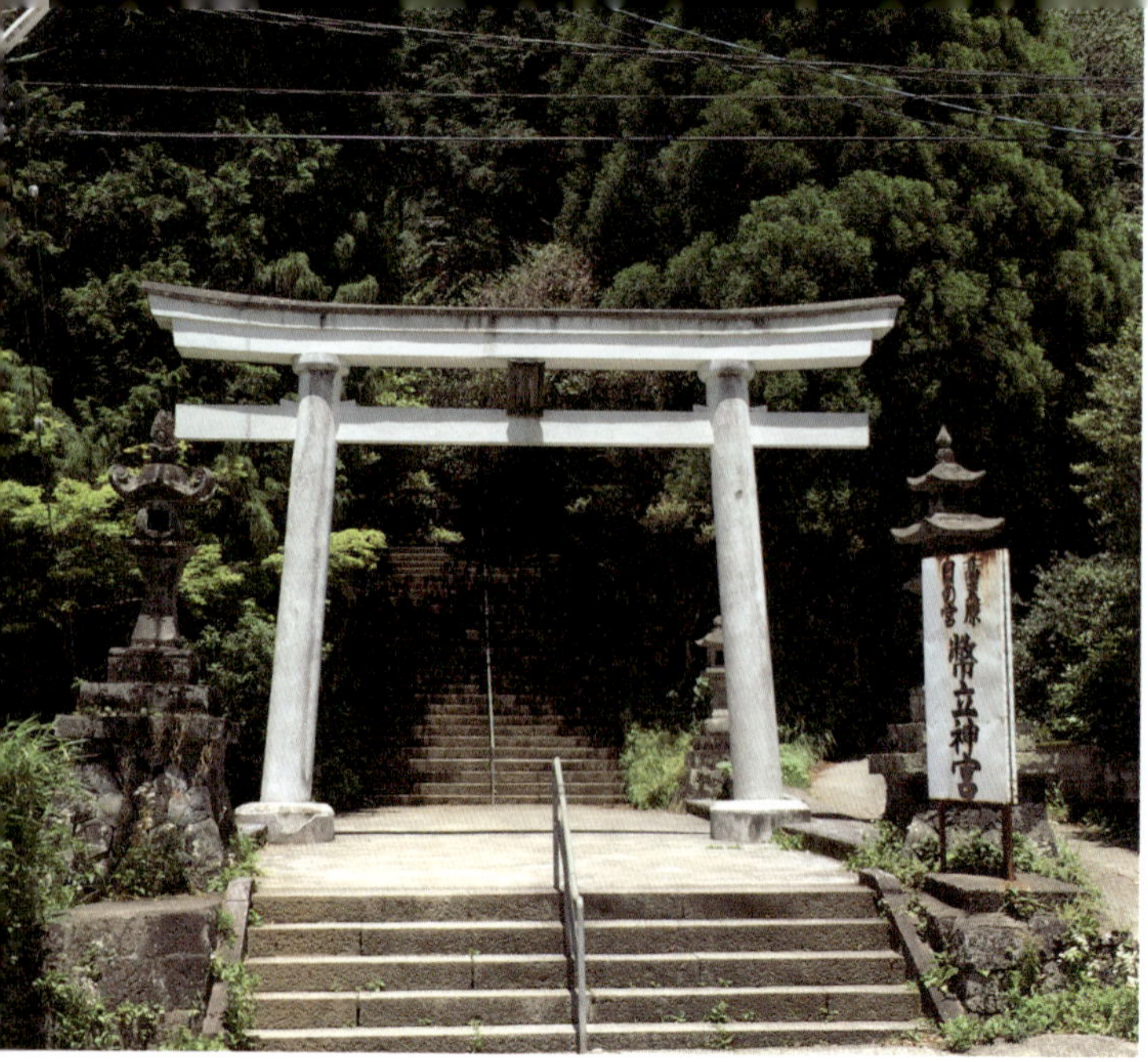

1万5千年の歴史を持つ、超高次元の「隠れ宮」

「九州のへそ」と呼ばれる熊本県山都町《やまとちょう》にある、知る人ぞ知る神社です。稀有なパワーとご神気※11が溢れており、スピリチュアリストの中には熱烈なファンもいるほど。

「高天原《たかまのはら》（日本書紀における天上の国）発祥の地」という由緒からもうかがえるように、超高次元の神さまをお祀りしている聖地。もはや「個人のご利益を求めていく神社」ではなく、この世界を護るために存在しているような神社です。高次元のエネルギーに触れたとき、自分の五感はどう感じるのか、アンテナを研ぎ澄ますために訪れてみるのもいいでしょう。このような「高次元系」神社の場合は、人生の節目に呼ばれたり、訪れた後に強力な追い風がかかったり、不思議なことが起こるともいわれています。

Check it!

東《ひがし》御手洗《みたらい》社《しゃ》

境内にある「東御手洗社」は、ご神水[※13]が湧くパワースポットです。案内板には、「八大龍王《はちだいりゅうおう》の源泉で、この神聖を冒すと台風が起こる証あり」とあり、そのパワーの強さが伝わってきます。

水は波動転写されるので、手を洗うのはもちろんのこと、ご神水を汲んでエネルギーをいただくのもおすすめです。

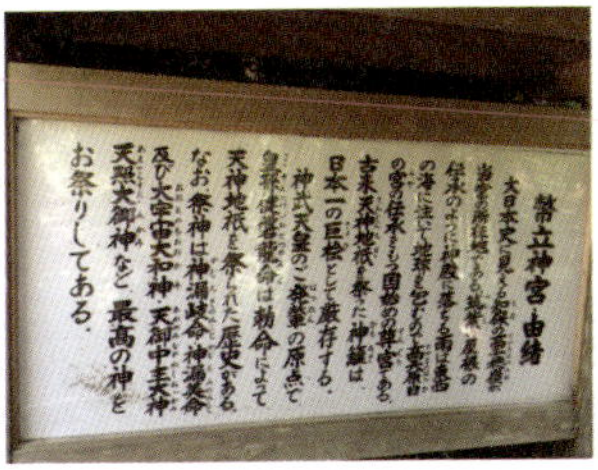

Check it!

宮司さんに呼ばれる

ここまで高次元の神さまをお祭りしている所では、まるで神社に呼ばれるようにして参拝に訪れる人もいます。

実際に僕のクライアントの中にも、参拝に行ったとき、宮司さんから声をかけていただいたり、榊《さかき》と神楽鈴《かぐらすず》でお祓いをしていただいたり、ご縁があったという方もいるほど。

✔神社's GUIDE

その始まりは1万5千年前と古く、主祭神[※14]は神漏岐命《かむろぎのみこと》・神漏美命《かむろみのみこと》をはじめ、大宇宙大和神《おおとのちのおおかみ》、天御中主大《あめのみなかぬしのおお》神《かみ》、天照大神《あまてらすおおかみ》。神武天皇《じんむてんのう》の孫である健磐龍命《たけいわたつのみこと》が、この神宮を守るために派遣され、天神・地祇を祀ったとされています。境内にある命脈1万5千年の檜の巨樹は天神の降臨により、神霊《しんれい》がお留まりになったと伝えられています。幣立神宮はこの神々を祀る聖地の根本の神社であり、「高天原・日の宮」とも呼ばれる由縁です。この地が「人類和合のはじまり」の証として、毎年8月23日には「五色《ごしき》神祭《じんさい》（世界の神々が集まって人類の幸福、世界の平和を祈る儀式）」が行われています。

data

熊本県上益城郡山都町大野712
TEL／0967-83-0159　参／24時間

宇《う》佐《さ》神《じん》宮《ぐう》

九州／大分

おすすめタイプ
10
1

日本でいちばん多い神社「八幡様[※22]」の総本宮[※18]

全国4万社余りある八幡社の総本宮。境内は「上宮」と「下宮」があり、参拝は「上宮から下宮に参る」のが特徴です。武神の神さまを祀る勝負系の神社なので、経営者や起業した人（する人）には特におすすめ。僕のクライアントには年1回必ずお参りし、事業を拡大している方もいます。

Check it!

本殿前のご神木[※13]

広い境内を誇る宇佐神宮ですが、中でも見所、パワースポットといえば樹齢800年ともいわれる、本殿前のご神木。直に触れられるので、手を触れたり、少し離したりしてパワーを感じてみてください。困難に打ち勝つパワーを頂けると思います。

✔神社'sGUIDE

八幡大神《はちまんおおかみ》、比売大神《ひめおおかみ》、神功皇后《じんぐうこうごう》をご祭神[※10]に祀り、神亀《じんき》2年に創建。伊勢の神宮につぐ第二の宗廟として崇敬を受け、宇佐地域は災害の被害も少ないことから、地域の鎮守の神として親しまれてきました。

data
大分県宇佐市南宇佐2859
TEL／0978-37-0001
参　／5:30～21:00(4月～9月)、
6:00～21:00(10月～3月)

九州／宮崎

高《たか》千《ち》穂《ほ》神《じん》社《じゃ》

おすすめタイプ
7 8 4

神話の里・高千穂《たかちほ》峡《きょう》巡《めぐ》りのスタート地

九州地方の中央に位置する高千穂は神話と関わりが深く、神社を含めた地域一帯がパワースポット。ご祭神※10は瓊瓊杵尊《ににぎのみこと》、木花開耶姫命《このはなさくやひめのみこと》などで、ご神徳※12は縁結びと夫婦和合。高千穂巡りは「天孫《てんそん》（天照大神《あまてらすおおかみ》の孫）降臨の地」といわれるここから、ぜひスタートしましょう。

Check it!

杉と鎮石《しずめいし》

境内にある樹齢約800年の「秩父杉」と2本の杉の幹が一つになった「夫婦杉」、「鎮石」の付近はビリビリするエネルギーを感じるスポット。夫婦杉は「好きな人と手をつないで3回周ると幸せになる」とも言われています。

✔神社'sGUIDE

約1900年前の垂仁天皇《すいにんてんのう》時代に創建されました。武神、農産業、厄払い、縁結びの神として広く信仰を集め、神社本殿は国の重要文化財に指定されています。境内の神楽殿では、毎晩四番の神楽が公開されています。

data

宮崎県西臼杵郡高千穂町大字三田井1037

TEL／0982-72-2413

参 ／24時間

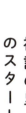

九州／宮崎

天《あまの》岩《いわ》戸《と》神《じん》社《じゃ》

岩戸から出た神の「復活再生」にあやかる

おすすめタイプ
12

天岩戸神社は古事記や日本書紀で有名な、「天照大《あまてらすおお》神《かみ》が隠れた天岩戸《あまのいわと》（洞窟）」をご神体[※13]としてお祀りしています。

岩戸川を挟んで西本宮と東本宮の2社がありますが、訪れた際はぜひ両方お参りしてみてください。西本宮には天岩戸遥拝所が、東本宮には天照大神が天岩戸を出た後に最初に住んでいた本殿があります。両社とも、ご祭神[※10]としてお祀りされているのは天照大神。

「現在大きな悩みを抱えている」、「自分自身と向き合い、リセットや再出発を促してもらいたい」など、誰かに背中を押してほしいという人には、特におすすめしたい神社です。

Check it!

天安《あまやす》河《か》原《わら》

岩戸にお隠れになった天照大神をこの世に戻すために、神々が神議を開いたと言われる場所です。河原の中央に大きな洞窟があり、中には小さな鳥居とお社があります。

「仰慕《ぎょうぼ》が窟《いわや》」とも言われ、いたるところに見られる積み石は、賽の河原(冥土の三途の川)を連想させ、現世とあの世をつなぐ場所のような幽玄の気を感じる場所です。

この大洞窟は、願いが叶うスポットとしても多くの人気があります。

Check it!

東本宮のご神水※13

東本宮そのものは原始的な波動を感じる神社で、西本宮とはまた違った雰囲気があります。

東本宮の本殿の裏には、ご神水を頂ける場所があります。すぅーっと体に染み渡る〝復活と再生〟のパワーをもらえます。

✔神社'sGUIDE

古事記・日本書紀には、天照大神が弟の須佐之男命《すさのおのみこと》の数々の乱暴やいたずらに怒り、天岩戸に籠もったと記されています。

天照大神が岩戸に隠れてしまったことで困り果てた八百万の神々が、岩戸川の川上にある天安河原に集まって相談をしたといわれており、至るところに神話と深いつながりのあるスポットがある神社です。

ご神体の天岩戸の洞窟は、西本宮から谷を挟んだ反対側にあります。

洞窟を遥拝したい場合は社務所を訪ねて、案内していただくようにしましょう。

data

宮崎県西臼杵郡高千穂町岩戸1073番地1
TEL／0982-74-8239　参／8:30〜16:30

九州／宮崎

八《はち》大《だい》龍《りゅう》王《おう》水《すい》神《じん》

ガッツリ課題を与えてもらいたいときに！

高千穂に行くのなら、ぜひ足を運んでほしいのが、八大龍王水神です。僕の場合はこの仕事を始めてから、2年に一度は訪れているほど。

龍王様をお祀りしている本堂はとても小さいのですが、そこに渦巻くパワーたるや！　境内の巨木がうねるほど、ただならぬご神気[※11]に満ちていて、強烈な地場が発生しています。龍の神さまは写真を撮られることを好まないので、龍神系神社では、撮影は最小限にした方がいいでしょう。

「人生の目的がわからない」というときに参ると目的はわかるものの、そのパワーの強さによって「超忙しくなって大変！」となるので、参拝はその覚悟を持って。こちらの龍神様は出世・躍進にまつわるパワーが強め。参拝後に出張・転居・赴任で移動が増えたり、勤務先が変わるといったことも起こり得ます。

Check it!

お札

八大龍王水神に訪れたら、ぜひお札をいただきましょう（社務所に宮司さんが常駐していないため、購入は自主申告システム）。人の気で穢れておらず、ご神気を常に浴びているせいなのか、ビリビリ感を通り越して、バチバチするくらいのパワーを感じます。いまだそのパワーが失せないので、僕は数年前に購入したお札をずっと大切に持っています。魔除けにはもちろん、間違った方向に進んだときに、道を正してくれるでしょう。

Check it!

入口のご神木※13

境内の中も木が生い茂っていますが、入口にある巨木がひときわ目を引きます。しめ縄もはられた立派な木で、この木に龍神が宿っていそうな雰囲気を感じるほど。

この木を超えて境内に入ると、境内の中はエネルギーが渦を巻く結界領域。あまり長居してはいけないような、強いパワーを感じる場所です。

✔神社'sGUIDE

「天孫降臨《てんそんこうりん》の地」として知られる高千穂には、その歴史の古さから、正確な設立年が明らかではない神社が多く、八大龍王水神もその一つです。古事記が編纂された西暦八世紀頃には、すでにこの地に水神様が祀られていたという説もあり、少なくとも1千3百年以上の歴史があるといわれています。水に関わる自然を司る神として、雨乞いや河川氾濫の防止などの願いを捧げられてきた八大龍王水神ですが、近年では勝負事や社会的成功の祈願として、全国各地から、スポーツ関係者やアスリート、会社経営者など、勝利・成功を願う参拝客も多くいます。

data

宮崎県西臼杵郡高千穂町大字岩戸6521
TEL／0982-73-1212（高千穂町役場企画観光課）　参／24時間

八《はち》大《だい》之《の》宮《みや》

八大龍王水神とセットで訪れたい

八大龍王水神（P176）から車で数分、こんもりとした杜の中に「八大之宮」があります。八大龍王水神を雄龍とするならば、八大之宮は雌龍。ぜひ二ヶ所セットでお参りすることをおすすめします。雌龍様だけに、こちらはご神気※11の波長もやさしく、見守り系の穏やかな感じです。

data
宮崎県西臼杵郡高千穂町岩戸馬生木
参 ／24時間

Check it!

龍神様のご神水※13

境内中央には井戸があり、ご神水をいただくことができます。八大龍王水神のお札で龍神様の後押しをいただき、ここのお水で体内の浄化を図ると、よりパワフルな〝生まれ変わり〟効果を期待できるかもしれません。

✔神社'sGUIDE

神社の境内は榎《えのき》に囲まれていて、中央には井戸があり、静かに力強く水が湧き出しています。

水神様として古くから信仰を集めている神社です。

九州／鹿児島

霧《きり》島《しま》神《じん》宮《ぐう》

おすすめタイプ
1
10

曲がったことは許さない「上昇気流」神社

霊峰《れいほう》・高千穂峰《たかちほのみね》をご神体山※16とする霧島神宮は、個人的にも好きな神社です。たとえどんなにひねくれた人も素直にさせてしまうような、真っ直ぐ上に伸びる「上昇パワー」は最強クラス。カリスマ運やキャラ運、改革の力、立身出世運を高めたい人には、わざわざ足を運ぶ価値のある神社です。

data

鹿児島県霧島市霧島田口2608-5
TEL／0995-57-0001
参　／24時間

Check it!

古宮址《ふるみやあと》

霧島神宮は創建当初、高千穂峰と御鉢《おはち》との中間、脊門丘《せとを》にあり、その後「高千穂河原」へと奉遷しました。

高千穂河原の本宮は「霧島神宮古《きりしまじんぐうふる》宮址《みやあと》」と名付けられ、ここでは背すじがピンと伸ばされるような気を感じられます。

神社's GUIDE

「天孫降臨」の舞台、瓊瓊杵《ににぎの》尊《みこと》を祀る霧島神宮の歴史は古く、創建《そうけん》は6世紀。高千穂峰の噴火や火災により、現在の社殿に鎮座されました。皇室を守護する神として崇敬を受け、坂本龍馬が新婚旅行に訪れた地としても有名です。

お守りやお札の扱い方について

寺社仏閣を参拝した際に、お守りやお札を一年に一回買い換えるという人もいるでしょう。その神さまの力が宿るパワーアイテムについて、あくまで僕の個人的な取り扱い方をご紹介します。

お守りは財布やカバンに入れて持ち歩き（今財布に入っているのは、三峯神社（P56）の氣守）、お札はカーテンボックスの上に置いています。一般的に、お札は神棚に置くのがよいとされていますが、賃貸物件など神棚が作れない環境であれば、自分の目線よりも高い位置に、南か東向きに置きましょう。天照大御神《あまてらすおおみかみ》を中心に、左右に氏神様と崇敬神社のお札を置くとされていますが、受験や異動・昇進などの節目には、それぞれのご神徳の神さまのお札を頂いてもいいでしょう。

そしてお役目が終わったなら、それぞれの神社にお返しするのがベスト。遠方の場合は近くの神社にまとめてお返ししても、神さまはお怒りにはなりませんので、どうぞご心配なさらず。

special
column

世界中から
エネルギーをいただく

パワー
スポット

全国各地の聖地を巡っている僕が特におすすめしたい、パワー溢れるスポットをご紹介します。国内だけでなく、海外の聖地も。

池田山公園／東京

東五反田にある旧岡山藩池田氏下屋敷跡を利用した庭園。高低差があり風・エネルギーの通りが非常によく、立身出世、上昇気流のエネルギーが強いスポットです。近くに高級住宅、世界的エレクトロニクスの大企業（ソニー）発祥の地があることと、土地のエネルギーの強さの関係は不明ですが、落ち着くというよりも“活性化させるパワー”を感じられる場所です。

浜《はま》離《り》宮《きゅう》恩《おん》賜《し》庭《てい》園《えん》／東京

前述の池田山公園が立身出世だとしたら、こちらは典型的な“落ち着く”庭園。水、木、の力が強く、癒されたいときにはベスト。行きにくいところにあるので、人が少ないのもさらに癒しを必要としている向きには“プラス”かも。同様の気質に井の頭公園がありますが、こちらの方が皇居や都心のエネルギーが加味されるため、総合得点は高め。

皇居／東京

徳川家康に仕えていた南光坊天海によって整備され、江戸は江戸城を中心に風水都市となっていきました。中に入ると（建物内部ではなく門の内側）広大な土地が広がっていて、公園のようになっており、安定、安泰、平穏といった“穏やかさ”のパワーを感じられます。靴を脱いで素足で歩いてみると、より祓いとパワーチャージになります。

丸の内仲通り／東京

日本を代表する企業の本店・本社が勢ぞろいするエリアの、中核となる大通り。道がガタガタなのはパワー的にもポイントが下がりますが、ここは通り沿いの建物のデザイン、道路の綺麗さ、照明計画などに至るまで、すべてが都市計画に準じて作られているため気の乱れが感じられません。安定と落ち着き、堅実だが豊かな波長を感じる場所です。ライトアップされているとき（クリスマスの時期など）に行くと、さらにパワーが強いといえるでしょう。

表参道／東京

前述の丸の内大通りと双璧をなす、日本を代表する通り。丸の内がビジネスだとしたら、こちらはファッションやカルチャー、トレンドの騎手。最先端のものや変化、発信のパワーが高い場所です。色味溢れる、デザインに凝った建物が目立ち、そのほとんどが世界的な建築家やデザイナーによるもの。歩いているだけで一流のパワーを浴びることができ、感性の高まりがおこるでしょう。オリジナリティや変化をもとめる人へ、そしてアンテナの感度を磨くには日本トップクラスの場所です。

大桟橋／神奈川

横浜・みなとみらいと中華街の間にある、3次元ウッドデッキがある大桟橋。首都圏近郊で、大桟橋の展望デッキの上で横になったときほど、自然の風を感じられ、リアルな太陽光を浴びられる場所はないのではないでしょうか。寝転んでしまえば360度視界を遮るビルはなく、たまに聞こえる船の汽笛ぐらいしかノイズはありません。自然と一体になれる場所でもあり、風水は風と水と書くように、そこには水（海に囲まれている）と風しかない。甲羅干しをしてエネルギーをチャージし、明日の活力を得るには最高の場所です。著名な建築家の設計で細かに作り込まれており、センスを感じるためだけに行っても損はしないはず。

箱根エリア／神奈川

芦ノ湖を中心に九頭龍神社、箱根神社などの有名神社や老舗ホテル、美術館、温泉宿、仙石原のリゾート地が点在する避暑地。芦ノ湖の水のパワーとそこにおわす九頭龍大権現様、そして富士山からのパワーも相まって誰でもエネルギーをもらえる場所です。疲れたとき（温泉、リゾート）、刺激が欲しいとき（美術館）、人生の節目（九頭龍神社、箱根神社）に行くと、何らかのサポートを得られるはずです。

栗林公園／香川

高松藩主、松平家の別邸として築かれた300年以上の歴史を誇る回遊式の大名庭園。一歩一景と言われるほどに、一歩進めるごとに見える景色が変わります。庭園自体の美しさの妙が特徴で、水と山と木という癒しの要素を、歩くだけですべてもらえる場所。なかでも、奥にある池周辺あたりが最も癒しのパワーが高いところです。

宮島（弥山《みせん》の山頂）／広島

古代より島そのものがご神体[※13]として敬われていたとされる場所。島の入り口にある厳島神社自体もパワースポットで、巨石群の鎮座する弥山山頂付近はまた違うパワーを放っています。宇宙と交信するための場所なのかと思われるような波長を持ち、どこか“異次元”にいるような錯覚を覚える場所です。

大《おお》神《がみ》島《じま》（宮古島）／沖縄

神さまがいる島と言われている、離島のなかの離島（宮古島から4kmほど離れています）。島全体がピラミッドのような形をしており、“降臨系”のパワーを感じる場所です。島を歩くとよくわかりますが、古代のサンゴの塊が集まってできたようになっていて、古代大陸の一部が浮上してきたか現存しているものかと思われるぐらいの“プリミティブ”な何かを非常に強く感じます。現世・俗世をしばし忘れて、デジタルデトックスもしくはリセットをするのにふさわしい場所です。

壱岐島／長崎

150社以上の神社が祀られている神社密度NO.1の島。月讀神社は神道発祥の地ともいわれていて、そのお社を中心に大小数百のお社や祠があるエリア。月は太陽の次のエネルギーともされていて、夜を司る象徴。リセットや再生、そして生まれ変わりを必要とするタイミングで訪れるとよい島かもしれません。

鳴門の渦潮／徳島

世界でも有数の大渦があるエリア。龍神様がおわすと言われていて、実際にダイナミックなパワーをエリア全体から感じることができます。次世代のもの、最先端のものを生み出すエネルギーを感じることができます。奇しくも、橋の向こうは日本の発祥の地・淡路島。そして門がなると書いて鳴門、“運命のゲートがオープン”されてしまう場所と言えるのかもしれません。

鞍馬寺（本堂前と魔王殿）／京都

京都は鞍馬山の中腹にある鞍馬寺と貴船神社におりる山道、その途中にいくつかお堂がありますが、それらすべてが“異空間”のもののような波長を持っています。鞍馬寺の裏門を出たくらいから“怖い”ような空気感が出ていて、入ってはいけないような波長すら感じることができます。険しい道が貴船あたりまで続くので、しっかりした装備で行くことをおすすめします。鞍馬寺の本堂前にある模様の上は、比較的誰でもビリビリとしたパワーを感じやすいかもしれません。

阿蘇山／熊本

熊本県にある活火山・阿蘇山はパワースポットが点在する中央構造線上にあり、九州のへそとして位置付けられています。界隈には高千穂、幣立神宮（P170）、阿蘇神社など有名な神社も多く、行くだけで大地にパワーと、活性化させるやる気のようなものをいただける場所。ただし、元気がないときにパワーを受けると、かなりしんどいかもしれないので、体調を整えて向かうとよいでしょう（湯布院などの温泉で調整してから向かうのもいいかも）。

平泉一帯と中尊寺／岩手

金色堂で有名な中尊寺と平泉。他の寺社仏閣やスポットもそうであるように、東北地方のパワースポットには生まれ変わりや転生、浄化や浄土を表すもの、感じさせるものが多々あります。“あの世”と“この世”の境を意識させられるような、そんな地盤があるようにも見受けられます。出羽三山や塩竈神社（P115）、そして恐山といったように、山岳信仰やあの世とこの世をつなぐ秘境のようなところがありますが、ここは東北のへそのようなところにあり、極楽浄土ともいえるような穏やかな気を発しています。ストレスや俗世間での小さいことを、綺麗さっぱりクリアにしてくれるでしょう。

琵琶湖（竹生島）／滋賀

日本の心臓部にある最も大きい淡水湖、琵琶湖。非常に強い水の気に満ちているところ（京都に水を供給している＝都の水源地）で癒やしの気が強い場所です。風の強い日には行けない“竹生島”という島が浮かび、そこにある竹生島神社の境内内にある龍神拝所が素晴らしく、龍神様のパワーにあやかりたい人、背中を押して欲しい人は行く価値ありです。

善光寺と周辺の山々／長野

日本の背骨たる日本アルプスは、標高2000ｍを超える山々が連なり、その姿は荘厳。山の気は通常は険しいですが、このアルプスは特に険しく、ここで過ごすだけで霊性の高まりを感じるはず。上に行けば行くほどノイズは減り研ぎ澄まされていき、平野部では感じないものも感じられるようになってくる、そういう“感性”を授けてくれる所と言えます。

ルルド／フランス

ルルドは、フランスとスペインの国境にある小さな町。聖母の出現と「ルルドの泉」で知られており、世界中から巡礼者と難病、不治の病の者たちが癒しを求めてやってくる山間の聖地です。泉（今では水を汲めるように蛇口式になっている）があり、人々は思い思いに水を汲んだり、その場で飲んだりしています。その水は柔らかく、浸透率が高いように感じられます。聖なる泉に浸かる水浴もすることができ、毎夜行われるミサは数千人規模のキャンドルサービスを伴い、参列者のそれぞれの言語に合わせて英語、フランス語、イタリア語でのアナウンスも。巨大な大聖堂が祈りのパワーに包まれていくのを感じられる場所です。

モンサンミッシェル／フランス

要塞やお城、修道院、ときに牢獄として使われていたある意味血塗られた場所ですが、UFOが飛来する所としても有名で、いくつかある観測ポイントのうちの一つ。地上と“上”がつながる重要なパワースポットで、ここで開眼した人も多いと聞きます。欧州にご縁があったり、前世の記憶が欧州だという人は一度来てみてもいいかもしれません。ツアーだと気が済むまでいるということが厳しいので、個人旅行で来て、宿泊するのがおすすめです。

ファティマ／ポルトガル

1917年、ポルトガルの寒村ファティマに住む3人の牧童たちの前に、「聖母マリア」と名乗る不思議な女性が現れて予言を残したことから聖地と呼ばれ始めました。リスボンからバスで90分程で訪れることができる、カトリックの聖地です。ルルド同様の巨大なバジリカ（大聖堂）があり、聖堂前広場は広大で、ここにも全世界から敬虔な信者たちが集まってきます。その祈りのエネルギーは巨大な渦となってバジリカの前に集約していて、街全体が“クリーン”なエネルギーで包まれています。欧州でありがちなバリアをはった人たちを見ることはなく、この地では険のない穏やかな表情をしているのが印象的でした。

ストーンヘンジ／イギリス

ロンドンから200㎞ほど行ったところにある、古代より鎮座する巨石群。交信に使われているとか、いろいろな研究が進められていますが、その真の目的や構築メソッドは不明。石がエネルギーの依り代[※24]となって、それぞれの不調を癒やすチューナーのような働きをしているのではないかと個人的に思っています。

サンティアゴ・デ・コンポステーラ／スペイン

スペインの最果ての地にある、キリスト教三大聖地のうちの一つ。聖ヤコブの遺骸が眠っているとされ、この聖地への道はすべて世界遺産です（道としては熊野古道とここだけが世界遺産登録されています）。フランスからの道が最もポピュラーなもので、その道程は800㎞に及びます。途中にはガウディの初期の作品や世界遺産登録されている教会もあり、見所はたくさんあります。道そのものが祈りの聖地であり、数百年にわたり幾億もの人が踏みしめてきた、巡礼・祈りのパワーをリアルに感じる道となっています。

おわりに

神さまとのご縁というのは、不思議なものです。ご存知の通り、神さまは目に見えません。もちろん声も聞こえません。それでもいろいろな方法で神さまや高次元の存在は、私たちにサインをくださっています。

本書を手引きとすることにより、「マイ神社」を知り、そのご祭神のもつ物語やご神徳が、ご自身の進むべき道のヒントとなった方もいらっしゃることでしょう。

そして、「マイ神社」は一つではありません。「自分を応援してくれる神社」は可能な限り積極的にご参拝し、ぜひ多くの神さまの御加護を受けていただけたらと思います。

神社に訪れたら、ご自身の五感で、境内にある「パワースポット」を感じてみてください。

本書を通じて多くの方に〝担当神さま〟とつながっていただき、神さまとのパイプが太くなって〝神ナビ〟をインストールしていただくことで、目に見えないサインを読み取りやすくなったり、感じやすくなったりするかもしれません。

その結果として人生のピンチを華麗に乗り越えたり、節目のときも落ち目に陥ることなくスルーできる力がつくこともあるでしょう。

各々が担当の神さまとご縁結びをして、日々の人間界での御魂磨きに精進することが本書の目指すところであり、この本を上梓するサインをくださった私の担当官の神さまのお導きでもあるとも思います。

最後になりましたが、掲載をご快諾していただいた神社の関係者のみなさま、イラストを提供してくださった鹿沼のすごい大工プロジェクトのみなさま、デザイナーのtobufuneのみなさま、ライターの井尾淳子さん、ワニブックスの青柳有紀さん、安田遥さん、金城琉南さん、そして応援と日頃からサポートをしてくれている〝上〟

の方々と私の家族に心より御礼申し上げます。

yu.j.i

写真
神社提供 ／ P51、53、55、58、65-66、68-69、73-77、80-82、86、96-97、114、116-117、122-127、131、134-135、139-143、151、162-164、168-169、172
アフロ ／ P54、67、78-79、81、83、104、106-108、137、182-184、186-187
その他の写真は著者提供

デザイン　tobufune
編集協力　井尾淳子
イラスト　鹿沼のすごい木工プロジェクト
校正　玄冬書林
編集　青柳有紀　安田 遥　金城琉南（ワニブックス）

開運！ さぁ導かれよう！
神さま手帖

著者　yuji

2018年1月5日　初版発行

発行者　横内正昭
発行所　株式会社ワニブックス
〒150-8482
東京都渋谷区恵比寿4-4-9
えびす大黒ビル
電話　03-5449-2711（代表）
03-5449-2716（編集部）
ワニブックスHP　http://www.wani.co.jp/
WANI BOOKOUT　http://www.wanibookout.com/
印刷所　株式会社光邦
DTP　株式会社オノ・エーワン
製本所　ナショナル製本

ISBN 978-4-8470-9642-6